JN235537

開拓社叢書 12

「こだわり」の英語語法研究

内木場 努【著】

開拓社

はしがき

　本書は近年の言語学の知見や成果を取り入れた実証的語法研究書である．本書は2部構成で，第Ⅰ部では過去四半世紀における語法研究を概観したあと，語法研究の望むべきあり方を探求している．第Ⅱ部は言語の根幹を成す動詞のアスペクト，ムード，テンスに関する10編の論考から成り，中でもアスペクトに関する語法・文法の問題を重点的に論じている．文法的アスペクトに関しては，「継続」を表す現在完了形とsince節の現在完了形や，「未完結」を表す進行形のさまざまな用法を分析している．語彙的アスペクトに関する語法研究では，動詞の4分類を最初に提唱したVendler (1967) の論考と，それを発展させた最近の語彙概念意味論の論考を十分踏まえた上で，具体的な言語環境（文脈）の中で語彙アスペクトがどのように機能するかを考察している．ムードに関しては「I wish構文」と「仮定法の語法」を扱い，テンスに関しては「sinceと時制」と「未来表現」を考察している．

　筆者の語法研究の分析法は，一見すると例外と見なされるような言語表現が，よく分析してみると，実際にはしかるべき原理や法則によって正当に動機づけられたものであることを実証するという手法である．

　本書の書名には「英語語法研究」に「『こだわり』の」ということばが冠されているが，これは，文法研究であれ，語法研究であれ，およそ研究と呼ばれるものには何がしらの「こだわり」が必要であるように思われるからである．筆者の場合，一つの疑問点を持ち始めたら，納得する解が得られるまで徹底的に調べないと気がすまない，という性癖が身に付いているせいか，扱う項目によってはその「こだわり」は10年にも及ぶことがあった．

　本書で扱う項目には実際教室で学生から寄せられた質問が契機になって

いる場合も少なくない．次にいくつかの質問を紹介してみよう．

(1) 「電車が混んでいたので梅田までずっと立ち通しだった」の英訳を *The train was so crowded that I kept standing all the way to Umeda. としてはいけないのはなぜか．（本書第3章参照．）

(2) I was forgetting that you don't like beans. (LDCE) の forget の進行形は I had forgotten の意味であるのはなぜか．（本書第2章参照．）

(3) Then she stood slowly until she was facing him. (C. Webb, *The Graduate*) の until 節は進行形になっているが，日本語訳にすると不自然になるのにどうして進行形になっているのか．（本書第6章参照．）

正直なところ，学生からのこれらの素朴な質問に筆者は即答できず，英語教師としての力量不足を感じずにはおられなかった．筆者の「こだわり」はまさにここから始まったと言えよう．

ことばの使われ方の研究が語法研究であり，その研究・分析の方法については本書第1章で詳しく述べたので参照していただきたい．語法研究の対象はどこにでも転がっている．語法研究はそのどこにでも転がっている素材を十分に活かしきって，独自の味付けと盛り付けをして創りあげた一品料理である．満足のゆく料理に仕立て上げられているかどうかは，賞味していただくお客さんの反応次第であることは言うまでもない．

本書を上梓するまでにはいろいろな方々のお世話になった．まず，語法研究の奥の深さとその研究の楽しさをご教示いだだいた恩師小西友七先生には感謝の言葉が見当たらない．small matters にこだわり続ける筆者に寄せていただいた先生からの激励の温かいお言葉が本書を出版する原動力となっている．また，立命館大学教授の児玉徳美先生は草稿の段階で丹念に原稿に目を通して下さり，貴重なご意見を惜しまれなかった．特に先生の巨視的な言語観に基づくご教示は，文法的語法研究を目指している筆

者には特に有益であった．さらに，大阪樟蔭女子大学教授の柏野健次先生には，本書を出版するにあたり，出版社との橋渡し役をしていただいたばかりか，本書の内容についても適切な助言をしていただいたので特別に感謝しなければならない．最後に開拓社の川田賢氏の献身的で堅実な編集作業には頭の下がる思いであった．同氏の援助がなければ本書を世に送り出すことは不可能だったと思っている．以上の方々以外にも，お名前こそ挙げないが，多くの人にお世話になった．まさに「他力」のおかげであると謙虚に思っている．本書の出版が語法研究の未来に明るい一条の光を放ってくれれば望外の喜びである．

平成 16 年 9 月

内木場　努

目 次

はしがき

第 I 部　総　論

第 1 章　語法研究概観と語法研究論 …………………………… 2
1. はじめに ………………………………………………………… 2
2. 語法研究の目的と課題——語法研究を概観しながら ……… 2
3. 事例研究——「継続」を表す現在完了形 …………………… 11
4. おわりに ………………………………………………………… 18

第 II 部　アスペクト，ムード，テンスの語法

第 2 章　forget の進行形 …………………………………………… 20
1. はじめに ………………………………………………………… 20
2. 進行形の基本的意味 …………………………………………… 20
   2.1. 進行形の三つの特徴 ……………………………………… 20
   2.2. 進行形の表す「非完結性」 ……………………………… 23
3. forget の進行形 ………………………………………………… 27
4. 丁寧用法（陳述緩和用法） …………………………………… 35
5. おわりに ………………………………………………………… 41

第 3 章　aspectual verb——keep について ……………………… 43
1. はじめに ………………………………………………………… 43
2. keep 構文の分類 ………………………………………………… 44
3. [CONTROL] 概念と keep 構文 ………………………………… 47
4. A タイプの keep 構文 ………………………………………… 49
5. 主語が [CONTROL] を持たない場合——keep 構文（B タイプ）…… 62
6. おわりに ………………………………………………………… 69

第4章　while 節中の動詞句のアスペクトをめぐって ………… 70
1. はじめに ……………………………………………………… 70
2. while 節は「非完結的」でなければならないか …………… 71
3. while 節に現れる「瞬間動詞」について ………………… 79
4. おわりに ……………………………………………………… 86

第5章　until の主節の語彙・文法的アスペクト ……………… 87
1. はじめに ……………………………………………………… 87
2. until の語彙文法的機能と共起する文のアスペクト制約 … 87
3. おわりに ……………………………………………………… 99

第6章　until 節の進行形について ……………………………… 100
1. はじめに ……………………………………………………… 100
2. until 節の進行形について ………………………………… 102
3. おわりに ……………………………………………………… 114

第7章　有界性と時間副詞句 ……………………………………… 115
1. はじめに ……………………………………………………… 115
2. 有界性の判定テスト ………………………………………… 116
   2.1. for 句 …………………………………………………… 116
   2.2. accomplishment と for 句 …………………………… 117
   2.3. in 句 ……………………………………………………… 118
   2.4. take 構文 ………………………………………………… 119
3. [＋telic] な文と共起する時間副詞 for 句 ………………… 120
4. for 句の曖昧性 ……………………………………………… 123
5. おわりに ……………………………………………………… 130

第8章　仮定法表現の語法 ………………………………………… 132
1. はじめに ……………………………………………………… 132
2. 仮定法の分類 ………………………………………………… 133
3. 前提節と帰結節の照応関係 ………………………………… 140
   3.1. 混合型仮定法 …………………………………………… 140
   3.2. 過去形による過去完了形の代用 ……………………… 147
4. おわりに ……………………………………………………… 149

第 9 章　I wish 構文 ……………………………………… 151
　1.　はじめに ………………………………………………… 151
　2.　wish の基本的意味と用法 ……………………………… 152
　3.　「非事実的用法」の would の意味 …………………… 155
　4.　「仮想的用法」と「丁寧用法」………………………… 158
　　4.1.　「仮想用法」………………………………………… 158
　　4.2.　「丁寧用法」………………………………………… 162
　5.　「祈願的用法」…………………………………………… 165
　6.　おわりに ………………………………………………… 169

第 10 章　「時」を表す since と時制 ……………………… 170
　1.　はじめに ………………………………………………… 170
　2.　非原則的用法 …………………………………………… 174
　　2.1.　since と主節の時制 ……………………………… 174
　　2.2.　since 節の中の現在完了形………………………… 179
　　　2.2.1.　「継続」を表す現在完了形 …………………… 179
　　　2.2.2.　「結果」を表す現在完了形 …………………… 182
　　　2.2.3.　'It is [has been] 〜 since ...' 構文における現在完了形…… 185
　3.　おわりに ………………………………………………… 188

第 11 章　未来を表す単純現在形と現在進行形 ……………… 190
　1.　はじめに ………………………………………………… 190
　2.　SF の意味的・統語的特性 ……………………………… 191
　3.　PF の意味的・統語的特性 ……………………………… 198
　4.　おわりに ………………………………………………… 203

参考文献 ………………………………………………………… 205
索　　引 ………………………………………………………… 219
初出一覧 ………………………………………………………… 225

第Ⅰ部

総論

第 1 章

語法研究概観と語法研究論

1. はじめに

　本章では，ここ四半世紀のあいだ語法研究とはどのような言語研究を目指してきたか，またその目標の達成のためにどのような研究方法をとってきたかについて先行研究を参考にしながら概観したあと，これから語法研究はどのような方向に向かうことが望まれるか，について私見を述べてみたい．

2. 語法研究の目的と課題——語法研究を概観しながら

　かつて，語法研究は次のような痛烈な批判を浴びることがあった．[1]

　　(1)　a.　語法研究の場で行われる議論は「文法的」議論に始終するのが普通で，「文法」の議論にまで発展することはない．
　　　　b.　語法研究は文法の下請け作業であり，研究の自主性すら疑

---

[1]. この斎藤 (1982) に対して『現代英語教育』(1982 年 3 月号) の「読者のページ」欄に一愛読者から「『語法研究の落とし穴』に一言」と題する反論が寄せられた．その投稿者は記事の反論内容から判断して小西友七氏であると察せられる．

わしくなる．
 c. 語法研究は容認可能性の議論に徹する以外に道はない．

(斎藤 (1982)))

　ここで槍玉に挙げられている語法研究というのは，用例集めに始終したり，インフォーマントに正文か非文か，または適切か不適切かという文法性や容認可能性を確かめる調査を行っただけのもの，を指していると思われるが，それにしても (1b) のような語法研究不要論にいたっては，ただ閉口するのみである．

　伝統的な手法で進められてきた語法研究に対する批判としては，すでに大沼 (1975) が，これまでの語法研究は，用例収集のみをしてしまい，断片的な説明に始終し，「木を見て森を見ず」の姿勢を変えず，茶のみ話の域を出ない，という批判を免れないところがありはしないか，と厳しい注文をつけ，これからのあるべき語法研究の姿は次のような目標のもとで進めなければならないという提言を行っている．

　(2) 語法研究においては，或る特定の音声形式，語彙，構造，文のタイプ等の使用が，randomly にではなく，何らかの要因によって規定されている場合など，特に中心的研究対象となる．データに見られる言語使用上の条件や制約などの特性を，言語形式の面からだけでなく，言語の使用に関与してくる要因面からも措定し，さらにそれがどのような性質のものであり，どのような原理を仮定することによって包括的説明が可能になるか，ということが中心課題となる．

　1975 年度の「日本英文学会大会 (47 回大会)」では「現代英語の語法——研究と動向」(司会：小西友七，講師：大沼雅彦・村田勇三郎・河野守夫・児玉徳美) と題するシンポジウムが開かれたが，そこでの議論の延長として小西 (1976) は，語法研究の課題として，「項目羅列的に終らず，各項目間に存在する有機的関係をつかみ，それらを基にした定式化を目指すべき

である」と主張している．

  (3) 語法は文法と違って，その本質として個別的で項目主義であることはやむをえないが，単なる項目羅列的であってはいけない．語法研究が言語研究の一つとしてその位置を確立するためには，その主観的性格を排除し，文法の進歩と歩調を合わせて共時的に各項目間に存在する有機的関係をつかみ，できればそれをもとにして，定式化・体系化をはかることである．

「各項目間に存在する有機的関係」とは，例えば，動詞を例にとれば，動詞が that 補文，目的語＋to be＋補語，目的語＋補語の補文のいずれをとることができるかを，その動詞を串刺しにできる共通の意味成分を抽出することによって分類することであろうし，また，動詞が one's way を従えて V＋one's way 構文で使うことができる場合，動詞の意味特徴を基にタイプ分けすることも含まれるであろう（八木 (1999))．さらに，一般的に進行形で用いられないとされている動詞が進行形で使われているような場合，その脈絡を足がかりにして，話し手の表現意図を探り出し，その表現意図が進行形の文法的な意味のうちどの意味と関連しているかを考察することも含まれよう．[2] このように考えると，たとえ扱う項目が語彙レベルのものであっても，その語彙と共通する統語的・意味的な振る舞いをする他の語彙を一括して，意味と形（形式，構文）との関係を総合的に捉えることが可能になる．

 さて，上で見たように，大沼 (1975)，小西 (1976) によって，すでに 1970 年代半ばに，これからの語法研究のあるべき姿が提起されたにもかかわらず，それ以降の語法研究のいくつかは，斎藤 (1982) に代表される (1) のような批判を乗り越えるまでには至っていないものもあるのは否めない．しかし，その後，大沼 (1975) や小西 (1976) の提言を真摯に受け止め，これまでの語法研究から脱却して，新しい語法研究を追及する動きが

---

2. 詳しくは本書第 2 章を参照．

現れてきたのも事実である．

　1980年代，1990年代になると，語法研究の目標や課題について明確な定義づけを行い，その目標に向かって独自の語法研究を進める動きが出てきた．このように新しい語法研究を目指そうとする場合にはつねにその対極として文法研究との関係が念頭におかれていたが，語法研究は研究対象を「具体的，個別的言語現象」から出発して，すなわち「個」から出発して，言語の本質，すなわち「全体」へ迫るという共通認識をもって，文法研究の領域に積極的に踏み込んで行こうというスタンスがとられた．そして1980年代には，「語法と文法とは，個々と全体という違いはあるにせよ，両者は密接にからみ合い，相互に補完し合うべき性質のものである．文法およびその他の関連領域と交差し，その間隙を埋める，といった広い意味での語法研究でなくては，言語研究の一環としての役を果たすことはできないであろう」(小西 (1985)) という新たな提言がなされ，語法研究は言語研究の確たる研究分野の一つと位置づけられ，語法研究の独自性が明確に打ち出された．同時に，その目標達成のためには，「特に語用論の視点を踏まえ，さらに，学際的な心理言語学，社会言語学やその他の領域を射程に収めた研究でなくては，もはや不十分だ」とされ，語法研究は必然的に，新しい言語学で開発された諸分野の成果や知見を十分に取り入れておく必要があることが指摘された．

　1980年代以降の「新しい言語学の諸分野」には語用論，関連性理論，意味役割理論，機能文法論，語彙概念構造意味論，構文文法論，認知意味論，などが含まれるだろう．しかし，これらの諸分野の研究成果や知見を無批判に採り入れたり，特定の言語理論を援用したりするのではなく，あくまで研究の参考に留め，最終的には，自分のあたまで思索を重ね，独自の観点から言語現象の解明を目指さなければならないという共通認識をもつことが求められている．というのは，児玉 (2002) が指摘するように，特定の言語理論には，しばしば自分の理論の正当性を主張するために，自分に都合の良い例だけを挙げて論を進めているものがあるからである．

　最近注目が集まっている動詞の意味と構文の関係についての研究には語

彙概念構造を用いた分析がなされ，多くの言語事実が解明されている．しかし，扱われる言語表現の分析には語法研究からのアプローチが必要になる事例も多いのではなかろうか．一例を挙げると，継続期間を表す for 時間副詞句の解釈には，語彙概念構造を基にした語彙意味論の枠組みでは捉えきれない問題を語法研究では扱うことができる．[3] 次例の for ten years はどの部分を修飾するかで (5a, b, c) の三つの解釈が可能である．

    (4)   She was jailed for ten years.　(OWD)
    (5)   a. 10 年間にわたって投獄 (と保釈) を繰り返した
           b. 10 年間刑務所に入っていた
           c. 禁固 10 年の刑を言い渡され (投獄され) た

(5b) の解釈では 10 年間が刑務所に入っている (be in jail) 期間をさすが，(5c) の解釈では，10 年間は intended duration を表し，例えば，恩赦によって，5 年間の服役後に釈放になったということも考えられわけである．語彙概念構造意味論では [x CAUSE [y BE IN JAIL]] で示される概念構造の中で for ten years は使役関数の CAUSE を修飾する解釈 ((5a) の解釈) と結果状態の [BE IN JAIL] を修飾する解釈 ((5b) の解釈) を正しく示すことができるが，「予定・意図」を表す (5c) の解釈を説明することはできない．(5c) では，投獄という行為が実行された時点において，10 年間という期間は規定 (予定) された期間でしかありえない．また (5c) の場合でも，結果状態を修飾する解釈は 10 年間の服役が終わったあとでのみ可能な解釈となる．このような事例は語彙概念構造意味論の今後の解決すべき課題である．
　このように，語法研究は特定の言語理論にふりまわされずに，言語表現を多角的，複眼的視点から記述・説明できる柔軟性をもっている．語法研究は個々の言語現象から全体像に迫るという手法をとるが，その道具立ては多岐にわたり，特定の言語理論に依拠するものでないのである．

---

    3. 詳しくは本書第 7 章および児玉 (2002) を参照．

さて，1980年代には語法研究の扱うデータの規模の問題と，そのデータから得られる言語表現の特徴づけの問題が指摘されるようになった．

> (6) ある意味を伝えようと発信者（話し手・書き手）が無意識にあるいは意識的に選択する言語形式の変異形（variant）を，広範囲な言語資料に基づき検討し，その選択に関わる要因を明らかにすること，及び通用度（currency）と適応度（appropriateness）の観点からそれぞれの特徴づけを行うことをその課題とする．　　　　　　　　　　　　　　　　　　　　　（赤野（1985））

(6)では，語法研究が「広範な言語資料に基づいた語法研究」でなければならないことを示唆しているが，この背景には1980年代が，コンピュータ・コーパスの活用が盛んになり始めた時期であることと関連があろう．その後，「コーパス言語学」という研究分野が生まれ，現在まで多くの研究成果が報告されている．辞書編纂の分野でも，例えば，辞書に挙げるべき用例を通用度の高いものにするという試みがなされている（cf.『ウィズダム英和辞典』）．また，「言語形式の変異形を研究の対象に含め，通用度と適応度の観点からの特徴づけを行う」とあるのは，これからの語法研究はコンピュータ・コーパスを最大限に活用して，また必要があれば大規模なインフォーマント調査を行って，言語表現の「使用の実態」を明らかにしていく必要があることが示唆されている．

ところで，語法研究を「個々の言語現象を通して，言語の本質に近づく研究」と位置づけて，おもに意味論の立場から粘り強く語法研究を推し進めている語法研究もある．柏野（1993, 1999, 2002）の一連の著作は，語法研究の独自性と存在意義を我々に認知させた点で高く評価されよう．柏野氏の語法研究に対する基本的な考え方は次のとおりである．ここでは言語の本質に迫るという意気込みが感知されよう．

> (7) 見方によっては語法研究というのは周辺的な，有標な現象ばかりを取り扱っているという印象を与えるかもしれない．しか

し，周辺的な，有標なものを研究すればこそ言語の本質が見えてくるものである．

　　我々は，言語の本質に一歩でも近づくために，「用例集めの学」と同義の語法研究を排除した上で，「なぜか」という洞察を常に忘れることなく，言語というのは人間言語であるという認識のもとに研究を進めていく必要がある．　（柏野 (1993: 12)）

　なお，上記の語法研究書は語法研究の中でも，「文法的語法研究」に属するものである．このほか，「文法的語法研究」を追及したものに，八木 (1999) があり，「意味が統語形式を選択する」という基本的な考え方に基づいて意味と構文の関係を論じている．ところで，児玉 (2002) は，意味論の新しい波の中でその対象と方法のあり方を模索した本格的意味論の研究書であるが，同書では，語・句・節・文だけに焦点を当てがちな従来の文法（語法）研究のあり方の限界や問題点を指摘し，文を超える談話や言説を対象にする言語研究のあり方の具体的提案が随所に示されている．特に，文を超える談話を分析の対象にする場合，文間のつながり，言外の意味，コンテクスト，談話全体の一貫性などが分析の対象となることが多くの実例を提示しながら主張展開されており，特に意味論，語用論を中心に据えた語法研究を目指す研究者にとっては文法研究との関係を探る上で有益な知見が多く含まれている．

　このように，近年の語法研究には最近の言語学の成果が取り入れられ，帰納や演繹によって導き出された規則や原理の正統性や妥当性を論証するという理論的，科学的方法論がとられていることから，冒頭で紹介した斎藤 (1982) の批判はもはや払拭されつつあると言えよう．

　「文法的語法研究」については，上述のように，一定の成果をあげている．そして，「語法から文法へ」，「文法から語法へ」という「語法と文法のバランスのとれた融合」という理想的な語法研究のアプローチは「英語語法文法学会」(1993 年設立) に後押しされ，今日では，研究者の間に広く浸透してきているように思われる．

一方,「個々の項目について最大漏らさず徹底的に用法を追求する」(小西 (1985)) という目標のもとで進められた語法研究の成果は小西友七 (編)の「語彙文法」の 3 部作 ((1980, 1991, 2001)) や多くの英和辞典の語法記述に取り入れられ,いわゆる「語彙的語法研究」は着実に発展を遂げており,英和辞典は独自の特徴を盛り込み,まさに花盛りの状態にある.

以上,ここ 25 年間の語法研究の変遷を辿ってきたが,語法研究の目標と方法は次のようにまとめることができよう.

> (8) 語法研究とはある具体的な言語表現が実際にどのように使われているかを広範な言語資料を用いて調査・分析し,言語表現の背後に潜んでいる使用上の条件や規則・制約等を発見することを第一の目的とする言語研究であり,個々の語彙項目を超えたレベルで,個別言語を支配している規則性を見出すことを目指す文法研究と相互に補完し合いながら,可能な範囲内で,言語現象全般の共通性を探索することを最終的な目標とする言語研究の一つの研究分野である.

なお,研究のアプローチとしては二つあり,一つは言語事実から帰納して制約や規則の発見に迫るという方法であり,もう一つは先に,ある規則や原理を仮定して,その仮定した規則や原理を言語事実と照らし合わせてその規則や原理の有効性や妥当性を検証するという演繹的方法である.

どちらの研究方法をとるにせよ,言語事実や言語資料は,名料理人にとっての厳選された食材のごとく,語法研究にとっては必要不可欠なものである.今日のような発展した情報化時代にあっては膨大な数の言語資料(コーパス)により迅速に短時間でしかも正確にアクセスできるようになったが,語法研究の基盤となる言語資料はやはり自らが読書などを通して丹念に集めた「汗のにじんだ」用例(自己資料)であることに変わりはない.[4] それらの「汗のにじんだ」用例を手掛かりに言語表現の使用に関わる

---

4. 本書では約 100 冊の作品を自己資料として用いた.

制約や規則を探求してゆく帰納的アプローチは，犯罪捜査官が犯罪現場に残された事実の断片だけから全体像に迫るという手法とよく似ている．このように，あくまで語法研究は「現場に戻れ」という鉄則を忘れてはならない．

これからの語法研究は，言語事実の提示だけで理論的な枠組みに欠け，言語の本質を追求しようとする志向性がない，と再び批判の矢面にたたされることがないように，研究・分析の方法や手法が理論的で科学的である語法研究を目指して行かなければならない．

語法研究は，上で述べたように，また，小西 (1997) でも示されているように，文法的要素ならびに文法的な観点からの「文法的語法研究」と，辞書項目を中心とした「語彙的語法研究」に下位分類される．しかし，同書でも指摘されているように，両者は重なり合って存在していると考えられる．両者のこの重なり合う領域に「語彙文法的意味論」という語法研究が入るのではないかと筆者は考えている．「語彙文法的」というのは，「語彙の身分でありながら，文法範疇と何らかの関わりをもつ」ということを意味している．例えば，時間関係を表す接続詞の while を例にとると，この語は節内に [+durative] というアスペクト制約を持つので，語彙であるが文法と関わりをもっている．そしてこの語彙文法的機能は，節内の瞬間動詞を時間的に拡大する方向で作用するのである．[5]

ことばは単語のみで成立するわけではない．中でも動詞は文を構成する要素の中心的役割を担っている．文の中心にどかんと座って両手を大きく広げ，左側の主語にあたる名詞（句）と右側の目的語の名詞（句）や補語の名詞（句）などと文法的・意味的関係を結んでいる．動詞の意味を解明することは，外界認識の仕方に関わっており，言語と人間の他の認知システムとの関係を理解するうえで重要な意義をもっている．

1960 年代後半から 1970 年代にかけては，Gruber の語彙分析，Vendler のアスペクト論，Fillmore の格文法，Jackendoff の概念意味論などを経

---

5. 詳しくは本書第 4 章を参照．

て，動詞が言語分析の主たる対象となってきた．このような背景から，再び1980年代以降，英語の動詞の意味についての研究が盛んになってきている．海外では，Pinker (1989), Jackendoff (1990), Croft (1991), Levin (1993), Tenny (1994), Levin and Rappaport Hovav (1995), Goldberg (1995), Smith (1997) などの著作があり，国内では，中右 (1994)，影山 (1996)，影山 (編) (2001) などがあり，動詞の意味を深く掘り下げ，それらが使える構文との関係を詳しく論じている．状況の切り取り方を三つの基本命題型に収斂されるとする中右 (1994) と，Vendler (1967) の述語4分類を語彙概念構造と呼ばれる意味表示を用いてより精緻化して，英語と日本語の動詞の意味構造を分析している影山 (1996)，影山 (編) (2001) は，これから認知言語学と語法研究の接点を求めていこうとする「文法的語法研究」には多くの知見と示唆を提供してくれると思われる．

　動詞の意味構造の解明には状態，活動 (過程)，変化といったアスペクトを軸とする分類が基本的に重要である．そして，これらの概念を十分に理解した上で，なおかつ語法的な観点から，語彙的アスペクト，文法的アスペクトに関わるさまざまな事象や用法を考察することが今後特に必要ではないかと思われる．

3. 事例研究——「継続」を表す現在完了形

　アスペクトについてはまだ多くの解決すべき問題が残されている．最後に，文法的アスペクトの一つである現在完了形の「継続」用法を取り上げ，語法研究の立場から考察を行ってみたい．

　現在完了形が「継続」の意味を表す場合，柏野 (1999: 181) では次のような興味ある，そして特に英語教育に携わっている我々には重要な指摘がなされている．

　　(9)　切れ目のない継続を表す場合に動作動詞を使うことはできない

(a) *The Taylors have played golf since 8:00 A.M.

cf. The Taylors have played golf since they were teenagers.

動作動詞を用いて切れ目のない継続を表すには，現在完了進行形が使われる．

(b) The Taylors have been playing golf since 8:00 A.M.

同様に，吉岡 (2001) でも，次の現在完了形を用いた文は「継続」の意味では非文であるというインフォーマント調査の結果報告を行っている．

(10) a. *I have studied English for three hours.

b. I have been studying English for three hours.

(10a) の文は柏野 (1999) の「切れ目のない継続」に相当する．「切れ目のない継続」は，単一行為の持続という意味である．

このような言語事実をきっかけに，語法研究では「なぜ，動作動詞の完了形では継続の意味が表せないのか」を説明しなければならない．

確かに，study English の述部はアスペクト的には activity を表し，[+durative] という特性をもつので，理論的には現在完了形では「継続 (持続)」の意味で用いることが可能となるはずである．しかし，実際には，その意味では通例用いられないのである．ちなみに，「切れ目のある継続」，つまり，「習慣」や「反復」の意味では，次のように容認可能である (吉岡 (2001))．

(11) a. I have studied English for three years.

b. I have been studying English for three years.

ところで，「切れ目のある継続 (反復・習慣)」と「切れ目のない継続 (持続)」という区別はどこまで有効に働くだろうか．例えば，(10a) の I have studied English for three hours. の文は 3 時間 (切れ目なく) 英語の勉強を続け，発話時の直前にその勉強を終えた，という完了の解釈が可能であるが，この場合は「切れ目のない継続」にはならないのであろうか．正確には

「切れ目のない継続」というのは「発話時まで単一の行為や過程が未完結の状態で継続 (持続) している」ということではないだろうか．このように解釈して，今一度，(9a) の文 The Taylors have played golf since 8:00 A.M. を見てみると，この文は今朝 8 時からテニスを始め，現在 (発話時) もなおテニスをしている，という意味には解釈できないということになる．この意味は現在完了進行形を用いて (9b) のように表すということになる．しかし，「なぜ，動作動詞は現在完了形では「発話時まで継続 (持続) している」ことを表すことは通例できないのか」という問題は未解決のままである．

この問題を解明する糸口を見つけるために，次の例文を検討してみよう．次の諸例は Thomson and Martinet (1986) の Exercises 1 から抜粋した練習問題である．(各文の文末には，Exercises 1 に示されている解答を添えてある．)

(12) a. We (walk) for three hours. (have been walking / have walked)

b. He (sleep) since ten o'clock. It's time he woke up. (has been sleeping / has slept)

c. It (rain) for two hours and the ground is too wet to play on, so the match has been postponed. (has been raining / has rained)

d. I (try) to finish this letter for the last half-hour. I wish you'd go away or stop talking. (have been trying)

e. I (polish) this table all the morning and she isn't satisfied with it yet. (have been polishing)

f. I (make) sausage rolls for the party all the morning. (have been making)

g. He (teach) in this school for five years. (has been teaching / has taught)

h. He (hope) for a rise in salary for six months but he has not dared to ask for it yet. (has been hoping)

「切れ目のない継続」を表すのは (12a, b, c, d, e, f) である．一方，「切れ目のある継続」は (12g, h) である．「切れ目のない継続」でも，(12a, b, c) は現在完了形，現在完了進行形の両方が可能であるのに対して，同じ「切れ目のない継続」でも (12d, e, f) では現在完了進行形のみが可能である．そして「切れ目のある継続」でも (12g) は両方可能だが，(12h) は現在完了進行形だけが可能である．

文法的語法研究では次のような観点を考慮する必要があろう．

(ⅰ) 現在完了形の用法の中で，「継続」用法はどのように位置づけられるか．「完了アスペクト」と「継続」用法の関係はどうか．

(ⅱ) 「継続」用法で現在完了形でも現在完了進行形でも用いられる動詞は expect, hope, learn, lie, live, look, rain, sleep, sit, snow, stand, stay, teach, wait, want, work などがある (Thomson and Martinet (1986: 173)) とされるが，現在完了形と現在完了進行形では意味の違いはないか．

(ⅲ) 「継続」用法と共起する時間副詞句［節］との関係はどうか．

(ⅳ) 一般的に，現在完了形と現在完了進行形の違いはどこにあるか．

これらの諸点を踏まえて，(12) のそれぞれの文を考えてみよう．(12a) では，現在完了形にした We have walked for three hours. の文は通例「これまで 3 時間歩いた」という完了の意味になり，発話時点では歩く行為は完結していることを表す．(「経験」の意味も可能であるがここでは除外して考える．) 現在完了進行形では完了の意味と継続 (持続) の意味の両方が可能である．完了した「歩く」行為が結果として現在 (発話時) に何らかの影響 (We are tired now. など) を及ぼしておればよい．後者の意味では発話時以降も行為が継続することを含意し，行為は「未完結」と捉えられている．

ここで注意したい点は，現在完了進行形は二つの顔を持っているということである．一つは「完了」の顔であり，もう一つは「未完結」の顔である．前者は完了形の有する「完了アスペクト」に関わり，後者は進行形の有する「未完結」に関わる特徴である．[6] 現在完了進行形が前者の特徴をもっていることは，現在完了形の本質的な意味を探るのに大きな示唆を与えてくれる．(12b) では since ten o'clock があるので現在完了形にしても継続（持続）の意味に解釈される．sleep という動詞は，意図的行為ではないので，[－dynamic] の部類に入る．したがって，know などの純粋な状態動詞と同じように，現在完了形では「静的状態」が継続（持続）しているという解釈が可能になるのではないかと考えられる．ただし，He has slept for four hours since ten o'clock. とした場合，10 時から発話時（2 時）までの間，4 時間（も）寝た，という完了の意味にもなる．(12c) では，It has rained for two hours, ... と現在完了形にすると，発話時では雨はやんでいるという解釈も可能になる．2 時間降り続いた雨が発話時の直前にやんだという状況である．もちろん，この意味は現在完了進行形でも表すことができる．しかし，発話時まで継続（持続）しているのであれば，通例現在完了進行形が用いられる．

次に (12d, e, f) では主語の意志的行為を表す動詞が使われているので，現在完了形にすると完了の意味に解釈される．(12d, e) では後続文の内容から，行為が未完結でなければならないので現在完了進行形となる．(12f) では，I have made sausage rolls for the party all the morning. と現在完了形にして反復的行為を表すことも可能ではあるが，その場合にも，発話時

---

6. 次例の (ia, b) の文は単一の行為の「持続」を表すが，(ic, d) の文は行為の継続が発話時の前に「完結」していることを表す．
   (i) a. They've been waiting here for over an hour.   (Murphy (1985))
        b. I've been watching television since 2 o'clock.   (Ibid.)
        c. You've been crying again.   (Leech (1987))
        d. "For God's sake, Mrs. Robinson. Here we are. You've got me in your house. You put on music. You give me a drink. We've both been drinking already. ..." (C. Webb, *The Graduate*)

点では行為は完了したものとして捉えられる．(12g) は「習慣・反復」の継続であるが，現在完了形にした He has taught in this school for five years. の文は，発話時を含む解釈のほかに発話時を含まず，発話時には完結したものとして捉える解釈が可能である．したがって，例えば，その先生が他の学校に転任になったような場合，その先生の離任式での校長のあいさつの言葉としてふさわしい．(12h) も「反復・習慣」の継続用法であるが，現在完了形にすると，やはり発話時には給与値上げの願望がなくなっていること，すなわち，完了の意味になるので，後続文の内容と合わなくなる．その願望が発話時でも継続（持続）していることを表すには現在完了進行形でなくてはならない．

　以上の点を総合すると，現在完了形は，まさにその名のとおり，「完了」というアスペクトを本来的に表す文法的機能を有しているのである．「完了」「結果」「継続」の3用法ではいずれも発話時においては当該の行為や出来事は完結，完了したものとして外的視点から捉えられるのである．したがって「継続」用法でも，その継続していた状況は発話時には完結しているものとして捉えられることも可能なのである．「継続（持続）」用法では一般に状態動詞が用いられるのは，状態動詞が本来的に「終点」をもたない動詞であるからと考えられる．状態動詞でも stay, live, want, hope などの意志的意味が認められる動詞では「継続」用法が可能であるが，その場合でも，発話時には完結，完了しているという意味合いを現在完了形によって付与されることもある．

　以上，現在完了形の「継続」用法について，柏野 (1999) で指摘された (9) の言語事実を手掛かりとして，「なぜ，(9) のような制約があるのか」という問題提起を行い，その問題解決に向けて語法研究では，どのような視点に立った分析が必要となるかを中心に考察した．まず，現在完了形という文法形式はどのような文法的意味と機能を持っているのか，また，現在完了形の有する「完了」「結果」「経験」「継続」という具体的意味と完了相という文法的アスペクトはどのように関連しているのか，さらに，それぞれの用法と，用いられる動詞の種類（状態動詞か非状態動詞か，意志的

か否か）との関係についてはどうか，といった観点から総合的にこの問題を考察した．その結果，現在完了形は行為，過程，出来事，そして状態をも，発話時より前に完了，完結した状況と捉え，その結果が発話時に何らかの関連性を持つことを表す文法形式であること，[7] そして，それ故に，「継続」用法は状態動詞にもっぱら限定され，なおかつ「継続」の意味を補強する since 句（節）などを必ず伴うこと，[8] が明らかになった．そして，現在完了進行形でも「完了」というアスペクトの意味が表されるのは現在完了形の文法的意味からして当然の結果であることも明らかになった．

---

7. 次例の (ia) の文は「継続」であるが，(ib, c) の文は「完結」を表す．
    (i) a. "How long have you worked there?" "Five years."
    (S. Sheldon, *Nothing Lasts Forever*)
    b. In the last two years, you have worked with hospital patients under the supervision of senior doctors. (Ibid.)
    c. "He's served three terms and at the age of seventy-seven has just won his fourth election unopposed." (J. Archer, *Sons of Fortune*)
    したがって，「未完結」の行為は次例のように現在完了進行形となる．
    (ii) "Ben, Mr. Robinson and I have been practicing law together in this town for seventeen years." (C. Webb, *The Graduate*)
8. 「継続」を表す現在完了形は「継続」を表す時間副詞句を伴う．
    (i) a. *That ring has belonged to my mother.
    b. *I have known Bill.
    c. *He has liked Mary.
    d. *The monastery has stood on the hill.
    (Downing and Locke (2002))
    「継続」を表す時間副詞句がなければ，当該の状態は発話時には「完結」していると解釈される．
    (ii) a. I've been ill.
    b. She has been lonely without you. (Ibid.)
    ちなみに，次例は「経験」の意味にしかならない．
    (iii) We have lived in London. (Leech (1987))

4. おわりに

　本論では過去の語法研究を概観しながら，これからの語法研究はどうあるべきかについて私見を述べてきた．

　語法研究は文法と積極的に関わり，最終的には「事態の捉え方」という人間の認知の営みを追求する奥の深い言語研究である．

　どのような小さな問題であっても，謎を解く手掛かりは「現物」に隠されている．その「現物」の石ころを水晶玉に磨きあげることができるかどうかはひとえに本人の粘り強い洞察の積み重ね次第である．

第 II 部

アスペクト, ムード, テンスの語法

第 2 章

forget の進行形

1. はじめに

本章では forget の進行形を取り上げ，それぞれの用法が進行形の基本的意味とどのように関連しているかを考察する．

本論に入る前に進行形の基本的意味（文法的意味）を代表的な先行研究を参考にして整理してみよう．

2. 進行形の基本的意味

2.1. 進行形の三つの特徴

進行形（相）は完了形（相）とともに文法的アスペクトを表す文法形式である．そして進行形はその名の示すとおり，進行中の出来事 (happening in progress) を表す．Quirk et al. (1985: 197-198) は進行形の意味として次の三つの特徴を挙げている．[1]

  (1) a. duration
     b. limited duration

---

1. Leech (1987: 18-22) にも同様の記述が見られる．

c. not necessarily complete

これらの特徴を同著に挙げられている次の例文で確認してみよう．

(2) a. Joan *sings* well.
　　b. Joan *is singing* well.
(3) a. Joan *sang* well.
　　b. Joan *was singing* well.

(2a) は Joan is a good singer. という意味で，Joan の恒常的特性を述べている文であるが，(2b) は限定的期間における，一時的な Joan の活動を述べている．(3a) は過去形となっているので，Joan が (過去の特定時に) 上手に歌ったという単一の出来事をひとつの完結した出来事と捉えている．一方 (3b) では，限定的期間における Joan の習慣的，反復的行為を表している．

　上で挙げた進行形の特徴の (1c) は，厳密には「完結性は必ずしも表さない」ということだが，ここでは「非完結」であると考えておく．[2] (3b) の Joan was singing well. の文は単一行為の継続であれ，限定的期間における習慣や反復であれ，過去の基準時においては「非完結」の活動であることを表している．この「非完結性」という進行形の特徴が最もよく現れるのが「終結点」を内在的に有している accomplishment と achievement の動詞 (句) の場合である．次例の (4a) では道路の横断が完了したことを意味するが，(4b) では基準時には横断中であったということで道路の横断は非完結の行為と捉えられている．

(4) a. The child *crossed* the street.
　　b. The child *was crossing* the street.

(van Ek and Robat (1984))

2.「完結性は必ずしも表さない」ということは「完結性を表すこともある」ということであるが，「完結性を表す」場合というのは具体的には 4 節で扱う「丁寧用法」のような場合であると考えられる．本章ではこの場合も「たてまえ」上では「非完結」であると論じる．

さて，(1a) の「時間幅」は (3a) のような単一行為に対しては時間領域を拡大 (stretch) する方向で機能し，また (2a) のような恒常的な内容を表す文では時間領域を縮小 (compress) する方向で機能する．いずれの場合にも進行形は「時間幅」が必須の要件となる．以下，前者の時間領域を拡大する機能について瞬間動詞 (achievement verb) を例にとって考えてみよう．

(5) a. The train *is arriving* at platform 4.
b. The queen *was dying*. (Quirk et al. (1985))

(5a, b) の動詞は瞬時的変化動詞であるので，動詞自体は内在的に時間幅を持たない．しかし，進行形はその瞬時的出来事をこじ開けて時間幅をもたせるように働き，変化時点までの前段階 (preliminary stage) をそのこじ開けた時間枠の中に取り込む．そして，この場合の進行形は最終時点 (endpoint) に向けて進行しているプロセスを表すと同時に「非完結」であることを示す．

以上の説明から，進行形の基本的な意味としては，(1b) の特徴から「一時性」，そして (1c) の特徴から「非完結性」の二つを挙げることができるわけだが，大江 (1982) や Langacker (1987a, b) は後者の「非完結性」という意味を本質的 (基本的) 意味と捉えている．

(6) 進行形 (progressive form) は [be ＋動詞の現在分詞 (〜ing)] で，その基本的意味は，対応する動詞の単純形 (非進行形) が「完結性」(perfectivity) を表すのに対して，「不 [非] 完結性」(imperfectivity) である． (大江 (1982: 54))

さらに，大江 (1982: 76-88) は feel, want, hope, like, believe, live, resemble など本来進行形になりにくい動詞の進行形についても (6) で示した基本的意味が保持されているとしている．[3]

---

3. 「本来進行形になりにくい動詞の進行形」は progressive stative と呼ばれる (Celce-Murcia and Larsen-Freeman (1999), Bland (1988), Smith (1983))．

(7) これら動詞表現が本来表すのは不［非］完結の状態であるが，話し手は時にそれを完結化可能 (perfectivizable)，つまり始めと終わりを区切られるものとして把握する．

このように大江 (1982) は動詞表現が完結化可能の状態を表すと話し手に捉えられているが故に，その不［非］完結性を表現するために進行形が使われている，という一貫した主張を行っている．この大江 (1982) の主張に従えば，状態動詞の進行形は不可ということになる．

大江 (1982) と同じく Langacker (1987b: 256) も「完結的動詞 (perfective) は進行形で生じるが，非完結的動詞 (imperfective) は進行形で生じることはない」と明言している．[4] さらに進行形の機能について，「進行形は，進行形にしない単純形の場合には完結的となる状況を非完結化する効力をもつ」とし，大江 (1982) と同じ分析を行っている．なお，状態動詞を進行形で用いることはできないのは，状態動詞で表された文の内容は本来時間的に安定した状態，すなわち非完結的な内容を表しているので，進行形にしてさらに非完結化するのは冗長で，その必要性が認められないからであるという妥当な説明を行っている．

このように，大江 (1982) と Langacker (1987a, b) は，ともに，進行形は完結的動詞と結びつき，それが表す完結的な状況を非完結化するのがその本質的な機能であると主張している．本書でもこの立場をとる．

2.2. 進行形の表す「非完結性」

さて，ここで Langacker (1987b) の「完結的 (perfective)」と「非完結的 (imperfective)」というアスペクトの区別について考えてみよう．

(8) Processes that involve a change through time will be called perfective, for reasons to become apparent; other processes

---

4. Langacker の認知文法の枠組みでの進行形の分析については友澤 (2002) が詳しく紹介しているので参考になる．

will be called imperfective. (Langacker (1987b: 254))

この記述から，perfective/imperfective の違いは，プロセスが「変化 (change)」概念を含むか否かということになる．

ちなみに Langacker (1987a) は脚注で，Vendler (1967) の語彙アスペクト 4 分類の中で，state は imperfective に，また activity, accomplishment, achievement は perfective にそれぞれ相当すると述べている．これは後者の非状態動詞がいずれも「変化」概念を内包しているからである．

しかし，この Langacker (1987a, b) の perfective/imperfective の区別には注釈が必要である．というのは perfective/imperfective というアスペクトの対立概念にはテンスや語用論的要因が関わってくるからである．そこで Smith (1997: 6) の記述を見てみよう．

(9) Perfective viewpoints focus on the situation as a whole, with initial and final points.
Imperfective viewpoints focus on part of a situation, including neither initial and final point.

このように Smith (1997) は perfective/imperfective を「視点アスペクト (viewpoint aspect)」の違いと捉え，perfective は開始点と終結点を含む状況，一方 imperfective は開始点も終結点も含まない状況としている．Smith (1997) が perfective/imperfective の区別に話し手の視点 (viewpoint) を取り入れているのは，activity や state でも，その状況を話し手が主体的に「完結的」に捉えることが可能であるからである．Smith (1997: 170) は activity を表す文は過去時制では closed, つまり perfective に解釈されるという．また，state を表す文は perfective, imperfective の両方の解釈が可能という．次例の (10a) は過去時制になっているので，泳ぐ活動は終結していると解釈されるので完結的となる．ところが，state を表す (10b) の文は (11a), (11b) 両文とも可能な文であるので完結性は曖昧になる．

(10) a. Lily *swam* in the pond. (activity)
　　　b. Sam *owned* three peach orchards. (state)
(11) a. Sam *owned* 3 peach orchards last year, and he still owns them.
　　　b. Sam *owned* 3 peach orchards last year, but he no longer owns them.

　この事実から Smith (1997) は state が perfective viewpoint で捉えられた場合は，意味論的には (語彙アスペクト上では) the final point を含まないが，語用論のレベルでは the final point を含む perfective の解釈も可能と考えている．一方，activity を表す文は (12a) のようには言えないので完結的であるということになる．

(12) a. He *swam* (*and he still does).
　　　b. He *was* tall (and he still is).
　　　c. He *resembled* Harry (and he still does).

(Langacker (1982))

　以上をまとめると，activity, accomplishment, achievement の動詞 (句) は過去形では行為や出来事の「完結性」を表すが，state の動詞 (句) は過去形では「非完結性」を必ずしも含意しないということになる．このように state, activity の「完結性」については時制や語用論的要因が関連するので，ある状況が完結的か非完結的かの区別は現在時制の文を基準にしなければ有意味な対立概念とはなり得ないことになる．
　そこで，Huddleston and Pullum (2002: 124-125) の挙げている次例を参考にして perfective/imperfective の違いをもう一度整理してみよう．

(13) a. He died last week. / I'll write again soon. / He reigned for a year. [perfective]
　　　b. He lives in Bonn. / He often cycles to work. / He is working. [imperfective]

同書では，一般的に，出来事 (occurrence) を表す動的 (dynamic) な状況は「完結的」であり，状態 (state) を表す状況は，普通の状態であれ連続的 (反復的，習慣的) な状態であれ，「非完結的」であると述べられている．つまり，現在時制の文では，state の場合は「非完結的」となるが，activity (accomplishment, achievement) でも習慣や反復を表す場合には「非完結的」となるのである．しかし，この分類では，(13b) の He lives in Bonn. / He often cycles to work. という単純形の文と，He is working. という進行形の文はいずれも「非完結的」ということになり，単純形と進行形の「非完結性」の質的な違いを捉えることができない．

そこで，進行形の表す「非完結性」と単純形の表す「非完結性」との違いについて以下考えてみよう．

(14) a. We *are living* in the country.
b. We *live* in the country.

(Quirk et al. (1985))

(14a) は「一時的居住」を (14b) は「永続的居住」を表すとされるが，両文とも完結性のレベルでは「非完結性」を表している．

それでは (14a) と (14b) は「非完結性」に関して同じかと言うと，そうではなく，両者の意味する「非完結性」には質的な違いが存在する．その違いは (14a) の live と (14b) の live は別種の動詞であるという事実に起因している．(14b) の live は状態動詞 (非完結的動詞) であるが，(14a) の live は進行形で使われているので非状態動詞 (完結的動詞) である．つまり，進行形で使われる動詞は大江 (1982) や Langacker (1987a, b) が指摘するように「完結的動詞」である．(14a) の進行形で使われている動詞の live は開始点と終結点を持ち，完結可能と話し手によって捉えられているのである．そしてその完結可能と捉えられた状況を進行形という文法形式によって非完結化しているのである．つまり，(14a) の進行形の文は文法的に有標の「非完結性」を表すのに対して，(14b) の単純形の文は文法的に無標の「非完結性」を表す．進行形が「非完結性」を表すというとき，こ

のように完結可能な状況を前提としているということになる．つまり，進行形では，動詞（句）が内在的に終結点をもつ [+telic] な accomplishment や achievement の場合に限らず，内在的に終結点をもたない，または随意的である activity の場合にも話し手によって主体的に「完結可能な動詞」と捉えられているということになる．

以上の論点をまとめると，単純形の文は文法的に無標 (unmarked) の「非完結性」を，進行形の文は文法的に有標 (marked) の「非完結性」を表すということになる．

3. forget の進行形

forget は次例の (15a) のように状態動詞として「思い出せない，忘れている」という意味で用いるほか，(15b) のように瞬間動詞として「忘れる」の意味で用いる．さらに，(15c) のように主語の意図的行為として「（意識的に）忘れる；考慮しないでおく」という意味にも用いる．

(15) a. I *forget* who it was who said it.
b. I've *forgotten* his name.
c. "I'm sorry I broke your teapot." "*Forget* it."

(LASD)

本節では，それぞれの意味で用いられる forget の進行形を扱い，その用法が1節で述べた進行形の基本的意味とどのように関連しているのかを考察する．

まず，forget が「（意識的に）忘れる；考慮しないでおく」という意味を表す場合には，上例の (15c) のように命令文で用いることができるので，進行形も可能である．この意味の forget は主語の意図的行為を表すので，進行形では，主語の決意が表される．

(16) "Don't forget," he said in a queer tone of voice for him, "if I

didn't give you your first break, you never would have got this setup." "I'*m not forgettin*'," I answered quietly. "That's why I'm talking to yuh so polite."

(H. Robbins, Never Love a Stranger)

(「俺がおまえにチャンスをあげなっかたらこの罠をしかけることはできなかったんだということを忘れるなよ」と彼は奇妙な口調で言った.「忘れやしないぜ.だからずっと丁重に話しているんだ」と私は穏やかに答えた.)

(17) "Even though we have a Peru involvement," Rita pointed out, "let's not forget that we don't know for sure whether the kidnap victims have been taken out of this country." "I'*m not forgetting*," Partridge said.　(A. Hailey, *The Evening News*)

(「ペルー政府がこの誘拐事件に関わっていることはわかっているけど,誘拐された犠牲者が国外に連れ去られたという確証はないんだということを忘れないでおきましょう」とリタが念を押した.「忘れないでおくよ」とパートリッジは答えた.)

　上例 (16), (17) では "Don't forget ..." "Let's not forget ..." という相手の発言を受けているので, "I'm not forgetting." は "I won't forget." や "I'm not going to forget." とほぼ同じ意味 (意図・決意) を表している.

　次に「思い出せない, 忘れている」という状態的意味を表す forget の場合は進行形では用いられない. その理由は, 1節で詳述したように, 状態動詞は「変化」のない静的な状況を表し, 内在的に終結点 (endpoint) を持たない「非完結的動詞」だからである. つまり, 非完結的動詞を進行形にしてさらに非完結的にするのは不必要だからである.

(18)　a.　*I'*m forgetting* the French word for 'ankle.'

(Hornby (1975))

　　　b.　*I'*m forgetting* what I paid for it for the moment.

(Declerck (1991))

次の文はいずれも状態動詞（非完結的動詞）の進行形となっているので，上で述べた理由から非文法的な文と判断される．

(19) *I'*m knowing* the answer.

(Celce-Murcia and Larsen-Freeman (1999))

(20) a. *Peter *is being* tall.
　　 b. *He *is owing / possessing* land in the south.
　　 c. *Your hay-fever *is seeming* a bit less severe lately.
　　 d. *That music *is sounding* too loud.

(Downing and Locke (2002))

以上のように forget が状態的意味を表すときには進行形は不可となるが，「忘れたふりをする」という行為的意味では次のように進行形が可能である．

(21) "If you could remember the goddamn license-plate number, perhaps we could catch the killers and get on with our lives," she said, needling him. "You think I'*m forgetting* on purpose?" he said, furious. (J. Collins, *Dangerous Kiss*)
（「あんたがあの車のナンバープレートを覚えていたら，殺し屋を捕まえて生き長らえることができるのに」と彼女は彼をなじるように言った．「俺が忘れたふりをしているとでも思っているのか」と彼は激怒して言い返した．）

同様に，forget oneself [one's place] の表現は「我を忘れた行為をする；自分の立場を忘れる」という行為的意味であるので，次のように進行形が可能である．

(22) I'*m forgetting* myself. I haven't offered you a drink yet!

(OALD[6])

（わたしどうかしているわ．飲み物もお出ししていなかったわ

ね.)

(23) "Be quiet, Devol! You *are forgetting* your place." (BROWN)
(「おだまり,デボル.身のほどを知りなさい」)

最後に,瞬間動詞用法の forget は進行形が可能である.進行形で用いられる場合は,die, stop の場合と同じように「差し迫った未来」を表し「...しかけている」の意を表す.

(24) a. I'*m* already *forgetting* what I was taught this morning.
(Declerck (1991))
(今朝教わったことをもう忘れかけている.)

b. I'*m forgetting* (= I nearly forgot) that I promised to visit Smith this evening.　　(Hornby (1975))
(今晩スミスさんのところに行くと約束していたのを忘れるところだった.)

瞬間動詞 (momentary verb) というのは Vendler (1967) の動詞分類では到達動詞 (achievement verb) に相当するが,厳密には瞬間動詞は瞬間的変化動詞 (momentary change-of-state verb) と瞬時的動詞の2種類に下位分類できる.nod, kick, jump などに代表される後者の瞬時的動詞は進行形で用いると「反復」という特別の意味を表す.[5]

(25) a. Henry *is kicking* the soccer ball around the backyard.
(Celce-Murcia and Larsen-Freeman (1999))
b. Why *is* that light *flashing*?
(Downing and Locke (2002))

forget が瞬時的変化動詞の場合には,進行形は「差し迫った未来」の意味のほか「反復」や「習慣」の意味を表すこともある.

---

[5] Smith (1997) は,後者の瞬時的動詞を semel-factive (「一回的瞬時動詞」) として,achievement と区別している.

(26) a. She *was* always *forgetting* how perceptive Mother Benedicta was.　(BNC)

(マザーベネディクタがどれだけ鋭い直観力をもっているか，彼女はいつも忘れていた．)

b. Mother *has been forgetting* things lately.

(Declerck (1991))

(母は最近物忘れがはげしい．)

c. I *am* for ever *forgetting* what it is called.

(van Ek and Robat (1984))

(私はその名前をしょっちゅう忘れる．)

さて，次例は forget と同じ瞬時的変化動詞の進行形であり，いずれも終結点 (endpoint) に至る直前のプロセスが時間的に拡大されて，「差し迫った未来」を表している例である．

(27) a. Joe *is realizing* his mistake.

(Celce-Murcia and Larsen-Freeman (1999))

(ジョーは自分の過ちに気づきかけている．)

b. Hurry! The taxi *is arriving*.

(Downing and Locke (2002))

(急いで．タクシーが来るわよ．)

c. I think I *am catching* a cold.　　　　　(Ibid.)

(どうやら風邪を引きかけているみたいだ．)

d. "He*'s been dying* for five years, Claudia. This is no surprise." "It's still sad."　(J. Grisham, *The Summons*)

(「クロウディア，彼はここ5年間危篤状態が続いていたんだ．だから，これ (彼の死) は驚くべきことじゃないんだ」「それでも，悲しい出来事だわ」)

e. The season *was ending* with the Cardinals in third place.

(J. Grisham, *A Painted House*)

(今シーズンはカージナルスは3位の成績で終ろうとしていた．)

f. As we *were finishing* Sunday dinner, there was a slight knock at the back door.　(Ibid.)
(日曜日の夕食が終わりかけたころ，裏口のドアを軽くノックする音が聞こえた．)

　以上は，進行形が行為や出来事の瞬間的変化を時間的に拡大させ，終結点 (endpoint) の直前の段階を焦点化する場合であったが，進行形で表される行為や出来事の変化が比較的長い期間にわたる変化プロセスと捉えられる場合がある．forget の場合では，この一定期間にわたる状態変化というのは，当初「記憶していた状態」から一定の時間を経過して最終的に「記憶を（完全に）喪失した状態」への推移的状態変化を表す場合ということになる．進行形では終結点（「記憶を喪失した時点」）に至るまでのゆるやかな漸次的変化過程が表され，forget は過程変化動詞に転じている．

(28)　He's *forgetting* his French.　　　　(Hornby (1975))
(彼はフランス語を忘れかけている．)

(29)　"President Coolidge *is forgetting* his upbringing. He would never have become President if that idiot Harding hadn't foolishly died."　(J. Archer, *Kane and Abel*)
(「クーリッジ大統領は自分の育ちを忘れかけています．あれはあの愚かなハーディングが急死しなかったら，とうてい大統領などなれなかった人物ですよ」)

(30)　"My wife complained that I was spending so much time at the hospital, my children *were forgetting* what I looked like."
　　　　　　　　　　　　　　　　　　　　(E. Segal, *Doctors*)
(「私が病院で仕事ばかりしているので子供たちが私の顔を忘れかけていると妻に不平を言われたよ」)

(31)　Just as everyone's *forgetting* about Myra Hindley, there's some-

thing in the newspaper again about her. (BNC)
(マイラ・ヒンドレイについてはみんなが忘れかけていた矢先に彼女に関する記事がまた新聞に出た．)

同様に，like, hear, understand, resemble などの動詞も進行形で用いられると「推移的変化」の過程 (process) が焦点化される．

(32) a. He's *resembling* his grandmother more and more as he is growing older.
(彼は年を追うごとに祖母にだんだん似てきている．)

b. Petrol *is costing* more since the beginning of the month.
(今月の初めから石油の値段が上がってきている．)

c. The colour of your skin *is* again *mattering* more these days.
(肌の色が最近また問題になってきている．)
(以上，Declerck (1991))

d. Young people *are depending* less and less on the advice of their elders. (van Ek and Robat (1984))
(若者は年配者のアドバイスをあまり聞かなくなってきている．)

e. I'*m understanding* Arabic a little better now.
(Downing and Locke (2002))
(最近アラビア語が少し分かり始めた．)

f. I'*m liking* this play a great deal. (Smith (1997))
(この芝居がとても気に入り始めている．)

g. The fourth sip sort of slid down, without burning, and the vodka *was tasting* better. (J. Grisham, *The Summons*)
(4回目にすすったウオッカは焼けるような感じを伴わず幾分すっと入ってきた．ウオッカが次第においしく感じら

れるようになってきた．）

この gradual process を表す進行形の特徴は more and more, less and less, better などの比較級の副詞や，these days のような限定的期間を表す副詞句を伴うことが多いことである．これらの限定的期間や時間の副詞（句）は進行形の「一時性」と関連する．

  (33) The river *is smelling* particularly bad today. (Smith (1997))

上例はいずれも「推移的（漸次的）変化」を表す場合であるが，ここで再度確認しておきたい点は，進行形で用いられているこれらの動詞は状態動詞ではなく，完結的動詞であり，「変化 (change)」概念を内包しているということである．この「変化」概念は，例えば (33) の文では，川がひどい悪臭を放っているという今の状況は一時的で発話時以降に変化すると捉えられていることを意味する．つまり，川の悪臭は完結（終結）されうると話し手に捉えられているのである．

以上，forget が瞬時的変化や推移的変化を表す場合の進行形について考えてきたわけだが，いずれの場合にも進行形では「非完結」であることが表される．この「非完結性」はまだ完全に忘れている状態には至っていないということであるので，人が何か忘れ物はないかと確認作業を行っているような場合にも使われる．

  (34) Quickly, Jamie attached the sail and checked to make sure everything was working properly. He had a nagging feeling he *was forgetting* something. (S. Sheldon, *Master of the Game*)
    （すばやく，ジェイミーは帆を張り，準備が整ったかどうか確認した．何か忘れかけているような感じが彼の頭から離れなかったのだ．）   （柏野 (1993: 70)）

また，話し手が話の途中である重要な用件を思い出したような場合や，聞き手からあることを思い出させてもらった場合にも進行形が使われる．発

話時点では思い出したのであるから，表現上は「忘れかけていた，忘れるところだった」という意味を表す進行形が用いられる．

なお，この場合，次例のように"Oh", "Of course"などの間投詞を伴うことが多い．

 (35) "Oh, I'*m forgetting*, this is the day, isn't it?" (BNC)
    (「ああ，そうそう，今日がその日だったわね」)
 (36) "Oh, thank you for that. I *was forgetting* what it was."
                     (BNC)
    (「いや，思い出させてくれてありがとう．それが何であるか，忘れるところでしたよ」)
 (37) "Oh, but I'*m forgetting*, you'll have to go back, won't you, to get married?" (BNC)
    (「ああ，それで思い出したのだけど，結婚のため実家に戻らなくちゃならないんでしょ？」)
 (38) "Yes, yes, of course, I *was forgetting*," the solicitor said fussily.
                     (BNC)
    (「ええ，ええ，そうでした，すっかり忘れるところでした」と弁護士はせわしなく言った．)

4.　丁寧用法（陳述緩和用法）

　小西 (1964: 8) は think のような普通には進行形にしない動詞が進行形で用いられる場合を取り上げ，この用法を「社会的礼譲形式の1つ」であると位置づけて，社会的自己防衛の手だてとしてよく好まれると述べている．また，引き続いて，小西 (1970: 5-7) では，単純形が動作の完了を示すのに対し，進行形は動作の未完了を表すという基本的な違いがあることから，単純形が直接的・断定的なのに比べて，進行形はより控え目な，間接的な表現となることを指摘している．つまり，同書は進行形の「丁寧用

法」は imperfective という文法的アスペクトに起因すると考えている.

また，Leech (1987: 28-29) は，hope, want, forget, wonder などの verbs of inert cognition を表す動詞（受動的認識動詞）の進行形の丁寧用法について次のように述べている.

(39) The reason for this preference seems to be that the Progressive is a more tentative, and hence more polite method of expressing a mental attitude. There is a notion of 'temporariness' and 'possible incompleteness' about the Progressive form, and in the present context, it is extended to 'lack of commitment'.

つまり，Leech (1987) はこの進行形の「丁寧用法」は「一時性」と「非完結性」という進行形の基本的意味から発展してきた用法であると考えている．本書では小西 (1964, 1970) と Leech (1987) の分析に従い，この語調を和らげる「丁寧用法」「陳述緩和用法」を進行形の基本的意味である「非完結性」と関連させて議論する.[6]

以下，forget の進行形が過去形で用いられ，had forgotten の意味，すなわち，「完結性」を表しているように思われる場合について考えてみよう.

(40) I *was forgetting* (= I had forgotten) (that) you've been here before. (OALD[6])
(あなたは以前ここに来られたことがあることを忘れていました.)

(41) I'm sorry, I *was forgetting* (= I had forgotten) (that) you would be away in August. (CIDE)
(すみません，8月は留守にされるということを忘れておりました.)

---

6. forget の進行形は柏野 (1993, 1999) でも扱われている．しかし，同書では「丁寧用法」を認めない立場をとっている．

(42) I *was forgetting* (that) you don't like beans.　(LDCE[1])
　　　（あなたは豆がお嫌いだということを忘れておりました．）

OALD[6], CIDE は I was forgetting を I had forgotten と言い換えていることに注意されたい．

　さて，「完結性」が表されるべきところに進行形が用いられているのはどうしてであろうか．この進行形の用法の背後には話し手の側における「本音」と「たてまえ」の巧妙な使い分けが看取される．話し手は「本音」では「忘れていた」のであるが，「たてまえ」上では「忘れかけていた」という非完結的な言い方を意図的に選択していると考えることができる．1節で論証したように，進行形は状況を非完結的にする文法形式である．この forget の進行形の用法は「非完結性」を巧みに利用し，発言内容を間接的，非断定的にして語調を和らげる「陳述緩和用法」や「丁寧用法」の一種であると考えられる．進行形は「非完結」という文法的意味をもっているので，hope, think, wonder などの心的態度を表す動詞を進行形で使うと自分の気持ちが決定的ではなく，聞き手の反応次第では変更可能であることを暗示するので，遠慮した，ためらいがちな丁寧な言い方になる (cf. Leech (1987: 29), Declerck (1991: 173))．

　(40), (41), (42) の that 節の内容は聞き手に関する事柄である．聞き手にすればその内容を当然相手（話し手）に覚えておいてほしい内容である．しかし，話し手はついうっかり聞き手に関する当該の情報を失念してしまっているのである．もし forgot と単純形を使えば，「忘れていた」という客観的事実報告を断定的，かつ直接的に述べる文となる．進行形は「非完結」であることを表すので「まだ完全に忘れていたわけではない」というニュアンスを含めることができる．聞き手にとって重要な情報を忘れてしまうというのは聞き手に失礼な行為である．実際は完全に失念していたわけだが，表現上は進行形を用いて断定した言い方を避けて間接的な言い方にしておくことで，聞き手に完全に失念していたのではないことを暗示させて自己防衛をはかっているのである．つまり，この場合，対人関係上は「丁寧

用法」となるが，話し手の側からは責任が本人に及ぶのを回避しているわけで，一種の「自己防御」としても機能していると言えよう．

　この「自己防御」をする forget の進行形の用法はインターネットのホームページには頻繁に使用されており，いわば定型的表現となっている．典型的な場合は，これまで言及したこと以外にも書き手がうっかり忘れていることがあるかもしれないと先手を打って，読者（読み手）の批判をかわそうという書き手側の自己防衛的意図が背後にある場合である．[7]

(43) I'm sure there are some that I *am forgetting*. Please let me know. (web site)
（以上の方々以外にも謝辞を述べなければならない人がおられると思います．お名前をお知らせ願います．）

(44) ... Oh, I have had so many other great teachers, like Mr. Tarpey and Mr. Flynn. I know I *am forgetting* some people.

(web site)

（ターペイ先生やフリン先生のようなすばらしい先生方が他にもたくさんおられました．お名前を挙げていない先生方失礼をお詫びします．）

(45) It was very nice to meet many people that I had known from other web sites and message boards and even emails: Shirley (TDL), Marjorie, ... and probably several others that I *am forgetting* at the moment. I saw some familiar faces like Judi, Joe, Bill, Brad and Sara, Matthew, and again—I *am* probably *forgetting* a few others. (SORRY!) (web site)

---

　[7] I'm not forgetting you. の否定表現は否定を強調した言い方であることから「自己防御」としても「丁寧用法」としても機能する．

(i) But I hope you *don't* think that *I'm forgetting you* because I'm thinking of you and miss you more than ever. (web site)

(ii) ... And finally, thanks to everyone else, *I'm not forgetting you*. I've just run out of room, and there are simply too many of you. (web site)

((陶器の展示会場では) 他のウッブサイトやメッセージボード，また電子メールなどで知り合った多くの人にお会いできました．シャーリ，マジョーリー，...そしてその他たくさんの人たち．また，顔なじみの人にもお会いできました．ジュディー，ジョー，ビル，ブラッド，サラ，マシュウ，そして失礼ながらお名前を挙げてない方々．)

さて，一般に「丁寧用法」とされるのは主語が二人称の場合である．聞き手が重要な事柄を忘れていることを想起させる場合には間接的で断定を避けるための衣を身にまとう必要がでてくる．

(46) You *are forgetting* the moral arguments.　　(Leech (1987))
(あなたは道徳的な議論をちょっと忘れているんじゃないかと思うのだけど．)

(47) You *are forgetting* that our resources are not unlimited.
(Declerck (1991))
(あなたは私たちの資源が無限ではないことを忘れているのではないでしょうか．)

(48) "You'*re forgetting* we have a rafting and barbecue party tomorrow—."　(BNC)
(「明日いかだ乗りとバーベキュウ・パーティをすることになっていること忘れていませんか」)

さらに断定を和らげ，間接的な言い方にするために，次例のように I think や seem を伴うこともある．

(49) "I think you *are* both *forgetting* that the Pitts died by poison," said Coffin.　(BNC)
(「あなた方はどちらもピットさん一家は毒殺だったということをお忘れじゃないでしょうか」とコフィンが言った．)

(50) "I think at least," she suggested carefully, "that you *are forget-*

ting your husband." (BNC)

(「あなたはご主人のことをお忘れになっておられるのではないでしょうか，少なくとも私にはそう思えるのですが」と彼女は慎重な物言いで提言した．)

(51) "You seem to *be forgetting* the patients in the wards," he said.
(BNC)

(「あなたは病棟の入院患者のことを忘れておられるように思うのですが」と彼は言った．)

ちなみに，LDCE³ は Aren't you forgetting ...? を見出し扱いにして慣用的表現としている．

(52) "Wait a minute.—*aren't* you *forgetting* something? No? well what about saying 'thank you'? (LDCE³)

(「ちょっと待って．何か忘れていないかしら？　いやって？「ありがとう」って言うんじゃないの，こんなときは？」)

(53) "By the way, *aren't* you *forgetting* the bread?" "By Jove!" he cried, flying open the oven door.
(D. H. Lawrence, *Sons and Lovers*)

(「ところで，パンのこと忘れているんじゃない？」「ああ，大変だ」と彼は大声をあげるとオーブンのドアをさっと開けた．)

(54) "Margaret I hope you don't mind my saying this, but *aren't* you *forgetting* that in a few years Dickie'll be grown up?"
(BNC)

(「マーガレット，こんなこと言ってなんだけど，2, 3年もしたらディキーは大人になるんだってこと忘れているじゃないかしら？」)

状態的意味を表す forget は過去形にした場合には「忘れていた」という意味を表す．次例では客観的事実を報告した文であるので進行形にして間

接的で丁寧さを表す必要がないので単純形が使われている．

 (55) They *forgot* (that) she was coming to dinner. (CULD)

5. おわりに

 本章では，まず最初に進行形の基本的意味を，代表的な先行研究を参考にして「一時性」と「非完結性」であると位置づけ，特に後者の「非完結性」という文法的アスペクト特性に注目して議論を展開した．

 後半では forget の進行形を取り上げ，forget が表すそれぞれの語彙アスペクト的意味が，「非完結性」という文法的アスペクトを表す進行形によって具体的にどのように表されているかについて考察を行った．forget の進行形が断定的な発言を避けて，間接的で遠慮した言い方をする場合に多く用いられることを見てきたが，この用法は，進行形の「非完結性」という基本的意味から発展したものであることを明らかにした．このような進行形の「丁寧用法」や「陳述緩和用法」は次のような例でも広く観察される．ちなみに，(56) のような疑問文では「質問」という発話行為を間接的で穏やかな響きにしていると考えることができる．

 (56) a. How *are* you *liking* your visit to Disneyland?
            (Downing and Locke (2002)))
    （デズニーランドの訪問はいかがでございますか．）
   b. "How *are* you *liking* the job?" (BNC)
    （「その仕事の印象はいかがですか」）
   c. "How much *were* you *wanting* to spend, madam?"
              (J. Archer, *36 Stories*)
    （「お客様，ご予算のほうはいかほどでございますか」）
 (57) a. "I *was hoping* maybe we could discuss it." (BNC)
    （「その件についてご相談できればと思っていたのですが」）
   b. I'*m guessing* that you're French. (Bland (1988))

(あなたはフランスの方ではないでしょうか.)

c. We're *wondering* if you have any suggestions.

(Leech (1987))

(何かご提案をお持ちじゃないかと思っているのですが.)

d. "Why don't you want to go in the house?" "Oh," Benjamin said. "Well I was—I *was thinking* maybe we could do something else. Go somewhere."

(C. Webb, *The Graduate*)

(「どうして家の中に入るのが嫌なの?」「ああ,それは,つまり,なにか他のことができればと考えていたんだけど.どこか行こうよ」とベンジャミンは言った.)

e. "He cashed out when he lost the election, a huge blunder. Cost him tens of thousands of dollars. I'*m assuming* he gave everything else away." (J. Grisham, *The Summons*)

(「彼(父)は(裁判長の)選挙に負けて,大損をしたんだ.何万ドルも費やしたんだ.残りの金は全部寄付にまわしていたんじゃないかな」)

これらの進行形の用法は,進行形になりうる動詞は「完結的動詞」であって,「非完結的動詞」は進行形にはなれないとする大江 (1982) や Langacker (1987) の主張に対して反例となるように思われるかもしれないが,実際は反例にはならない.というのは,話し手は表現上「たてまえ」として進行形を選択しているわけで,その選択の背後には「完結性」を避けたいという意識が働いているのであるから,これらの進行形の動詞はやはり「完結可能な動詞」と話し手に捉えられていることになるからである.

第 3 章

aspectual verb——keep について

1. はじめに

　ある動作・行為や出来事の時間的内部構造は，大きく分けると，「開始」——「継続」——「終結」という三つの局面から構成されている（もちろん，動詞の中には「開始」や「終結」のみを表すものもある）．この三つの局面は「相 (aspect)」と呼ばれ，この「相」を明示的に表す動詞のことを相動詞 (aspectual verb) と言う．本章では，相動詞と呼ばれる動詞，begin, start, continue, keep, cease, stop, finish 等の中で，「継続相」を表す keep を取り上げ，その補部に生じる動詞 (句) の特性を明らかする．[1] 最終的には次の 4 点を中心に議論を展開する．

---

　1. keep と keep on では，keep on のほうが「継続」「反復」の意が強調されるという意味的な差異はあるものの，実質的な違いはほとんどない．ちなみに，Binnick (1991) は「中断のあと，引き続き行為を続ける」場合には keep (on) は通例用いないとする．
　　(i) *After a long lunch break, Walter *kept* (*on*) *filing* the day's mail.
　　　　　　　　　　　　　　　　　　　　　　　　　　　　(Binnick (1991))
　ただし，この場合，Brinton (1988) は keep は不可だが，keep on は可能とする．
　　(ii) John *kept on painting* the picture.　　　　　　　(Brinton (1988))
　なお，次のように副詞が挿入される場合には，keep on とは共起しない．
　　(iii) Woody *kept desperately trying* to get possession of the ball and failed each time.　(S. Sheldon, *Morning, Noon & Night*)

(i) keep には本動詞用法と疑似助動詞用法とがある．
(ii) 本動詞用法の場合，補部の動詞は状態動詞，非状態動詞（過程動詞，動作動詞）を問わず，補部の内容が主語によってコントロールできるものであればどんな動詞でも用いられる．
(iii) 疑似助動詞用法の場合，基底の命題文 (proposition) の内容は [EVENT] を表し，[STATE] を表すものは生じることはできない．
(iv) 本動詞用法では keep doing は「反復」と「継続」の意味を表すが，疑似助動詞用法の場合には「反復」の意味しか表さない．

2. keep 構文の分類

「…（し）続ける」の意を表す keep (on) doing の構文（以下 keep 構文とする）が用いられている文例を，主語に付与される意味役割（「動作主 (agent)」か否か）と文全体の表す意味（「継続」か「反復」か）に注目しながら分類してみると，次の三つのタイプが認められることに気づく．

(1) a. John *kept working* late (willingly) yesterday.
    b. John *kept wearing* a wedding ring at the party (to show it off).
(2) a. John *kept working* late (willingly) every night.
    b. John *kept trying* to telephone Mary every night.
(3) a. John *kept hearing* strange sounds last night.
    b. John *kept forgetting* my birthday.

    （ウッディはボールを捕まえようと必死に頑張ったが，何度やっても失敗した．）
しかし，right は keep right on doing の型で使われる．
  (iv) She *kept right on sitting*.
                      (R. Chandler, *Farewell My Lovely*) (Visser (1973))
    （彼女はずっと座り続けた．）

第3章 aspectual verb——keep について　　　　　　　　　45

　　c. John *kept having* to work late unwillingly.

　まず，各文の主語の意味役割に注目してみると，(1) と (2) は，(3) と対照をなすことが分かる．(1) と (2) の John は「動作主 (agent)」であるのに対して，(3) の John は，人間主語であるが，比喩的・抽象的なレベルでは「場所 (location)」である．具体的には，(3a) では知覚の受け手で「経験者」としてもよいが，比喩的には知覚の「着点」である．(3b) では，知識の位置するところであり，そこから知識が離れていくと考えれば，John は「起点」である．(3c) では，抽象的には，義務の所持者であるので John は「存在点」である．ここでは，ひとまず，(3) の主語は「動作主」ではないことだけを確認しておきたい．

　次に，各組の文全体の表す意味を，keep の意味と関連させて吟味してみると，「継続」か「反復／継起」の意味かで対照をなすことが分かる．(1) は「継続」の意味であるが，(2) と (3) は「反復／継起」の意味に解釈される．(「反復」は意図的行為の繰り返しを，「継起」は出来事の繰り返しを表すと，厳密には，区別されるべきだが，本章では，以下，必要な場合を除き，両者の意を含めて「反復」とする．)

　さて，(1) の文は「継続」の意味を表すと述べたが，これには注釈が必要である．(1a) では単一行為 (work) の継続を表す一般的な用法であるが，(1b) では状態動詞の wear が使われていることから，行為の継続ではない．「結婚指輪をずっとはめている」という「状態」の継続の意が表されている．本章では，必要に応じて，前者の行為・動作の継続を「動的継続」，後者の状態の継続を「静的継続」として区別する．

　以上の要点をまとめると，これらの三つのタイプはそれぞれ次のような特徴によって分類することができる．

　　(4)　タイプ [1]　　[動作主]　　　（継続）
　　　　　タイプ [2]　　[動作主]　　　（反復）
　　　　　タイプ [3]　　[非動作主]　　（反復）

この表では，組み合わせの可能性の一つとして，次のタイプも理論的には可能なはずだが，実際には除外されていることに気づかれよう．

 (5) タイプ [4] [非動作主] （継続 [動的／静的]）

さて，このタイプ [4] が，一般的になぜ不可になるのかを明らかにすることが本章の目的の一つである．この問題は，実はタイプ [3] と関連するので，例文 (3) を使って問題点を鮮明にしておこう．

タイプ [3] の文は「反復」の意味に解釈されると述べたが，その意味解釈を決定する基準が，タイプ [4] の可能性を排除する理由と密接に関連している．つまり，タイプ [3] の文が「継続」の意味，例えば (3a) が「奇妙な物音がずっと聞こえた」，(3b) が「私の誕生日をずっと忘れていた」という状態の継続（「静的継続」）の意味に解釈することができない理由を明らかにする必要がある．なお，これに加えて，次の文がタイプ [3] やタイプ [4] ではなく，タイプ [1] であることを証明しなければならない．

 (6) a. The fire *kept burning* all night. (Web. 3)
   b. It *kept snowing* all night long. (McCawley (1988))

この文の主語には the fire と it がきているが，その意味的働き，つまり意味役割を検討することが，上の問題点を解く鍵になるという見通しが立てられる．また，(1b) の例とは異なり，次のような状態動詞はいずれも容認されないので，その制約を明らかにすることも必要となる．

 (7) a. *The puppet *kept looking* like its owner. (Gruber (1976))
   b. *She *keeps being* tall. (Brinton (1988))
   c. *John *kept liking* Mary. (Freed (1979))

以上のさまざまな疑問点や問題点を解決するために，主語の意味役割と文の表す「継続」と「反復」の二つの意味を手掛かりにして，便宜上，keep 構文を二つのタイプに分けて，以下議論を進める．もちろん，この場合，keep 自体の意味と機能を議論の射程の中に入れておくという前提に立つ

ている.

(8) 　　　　　　　　　　　主語　　　文の意味
　　　keep 構文 (A タイプ)　[動作主]　「継続」・「反復」
　　　keep 構文 (B タイプ)　[非動作主]　「反復」

3. [CONTROL] 概念と keep 構文

　本節では，A タイプと B タイプは動詞 keep の文法的機能の違いによって区別されることを論じる．A タイプの keep は本動詞用法であり，B タイプの keep は疑似助動詞的用法であるということである．つまり，A タイプの動詞 keep は二つの項 (argument) をとる他動詞である．主語の項には keep によって「動作主」の意味役割が与えられる．目的語にあたる項は「対象 (THEME)」の意味役割が付与される．そして，この「対象 (THEME)」は命題 (Proposition) を含むものとする．このような意味構造は keep の表す意味「(主語が) ... の動作・状態を (主語の勢力の範囲内に) 保つ」によって決定される．したがって，keep はその語彙的意味の中に [CONTROL] という概念を持つ動詞ということになる．この意味で，A タイプの主語は [CONTROL] を持つもの，すなわち，「動作主」となる．「動作主」の定義を概略的に示せば「ある状況をもたらすのに足りる力を持った (あるいは，持つと認識された) 実体」ということになる.[2]

---

　2. 「動作主」は複数の feature から成る cluster 概念であり，その中には典型的なものから周辺的なものに至るまで段階性 (gradience) があるという考えが主流となっている (cf. Cruse (1973), DeLancey (1984), Dowty (1991), Schlesinger (1995)).
　代表的な特性としては [volition] [cause] [control (force)] [independence (responsibility)] であろう. agent の定義としては次のものが参考になる.
　　(i) The prototypical transitive event involves an agent deliberately performing an action which brings about a change of state in a patient.
　　　　　　　　　　　　　　　　　　　　　　　　　　　　(DeLancey (1991))
　　(ii) 動作主とは，ある一定の言語的・言語外的コンテクストのもとで，かかわりあう状況の変容を引き起こすだけの潜勢力 (potential force) を有すると解され

さて，keep の補部（ここでは [TMEME] (Proposition)）は文法的には動詞 keep によって支配 (govern) されており，次のように keep と補部を切り離すことはできない．[3]

(9) a. *What the children *kept* was singing songs.
　　b. *It was singing songs that the children *kept*.
　　c. *Singing songs *was kept* by the children.
　　d. *Singing songs was fun for the children to *keep*.

(以上，McCawley (1988))

さらに，主語が [CONTROL] を持つ「動作主」であるので，次の 2 文は意味が異なる．

(10) a. Tom *kept chasing* Mary.
　　 b. Mary *kept being chased* by Tom.

(10a) では追いかけたのはトムの意図だが，(10b) では追いかけられたのはメアリーの意図である ((10b) のもう一つの意味（B タイプの意味）については後述する)．

最後に，A タイプの補部の制限として，進行相は生起できないことを確認しておきたい．これは，補部の基底文（命題文）が進行相という文法形式を含まないからであると説明される．補部には，後述するように，進行形では用いられない remember, love, own などの状態動詞が生起できるか

　　る実体（物理的・社会的・心理的実体のいずれか）のことをいう．
(中右 (1994))
3. 次のように keep が小節 (small clause) を従えることもある．この場合にも小節の内容は主語によってコントロールされていることに注意されたい．
　　(i) She takes pride in her home and likes to *keep it looking* clean and neat.
(Whitford and Dixon (1973))
　　次例はコントロール不可な内容を表すので容認されない．
　　(ii) a. *He *kept* her *missing* her buses.　　　　(Huddleston (1976))
　　　　b. *She *kept* John *getting caught*.　　　　(Freed (1979))

らである．また，keep 自体が継続という相的意味を持っているので，進行相を重ねる必要性がないという事実も関連する．さらに，動詞 keep が相的意味を持っているので，keep 自体を進行形で用いると容認度が下がると判断される．

(11) a. *He *kept being talking*. (Palmer (1988))
 b. *He *kept* them *being talking*. (Ibid.)
 c. ?He's *keeping talking*. (Ibid.)

次に，B タイプの keep はテンスを持ち，後ろに doing の形式を従えることから動詞であるが，A タイプの keep と異なり，(形式上の) 主語の項と補部の項との間に特定の意味関係を持たず，文から独立した振る舞いをするので，助動詞的である．この B タイプの keep の意味機能は「反復」というアスペクト表示だけである．後半部で詳述するが，B タイプの keep は基底文に挿入されて生成されると考えられる．ここでは，次の (12) の文が知的意味のレベルで同じという点と，(13) のように「存在文」の there が文主語の位置に生じるという点だけを確認しておきたい．

(12) a. The rain *kept destroying* the flowers.
 b. The flowers *kept being destroyed* by the rain.
 (Huddleston (1976))
(13) a. There *kept being* somebody else on our line.
 (Hudson (1971))
 b. If there *keeps on being* disturbances, we will have to use poison gas. (Postal (1974))

4. A タイプの keep 構文

まず，補部に非状態述語がきて「継続」「反復」の意味を表す場合から考えてみよう．(14) が「継続」を (15) が「反復」を表す．いずれの場合も主

語は [CONTROL] 素性を持ち,「(意図的) 動作主」という意味役割が与えられている.

(14) a. Janette didn't look at her, just *kept staring* through the wind-shield.　(H. Robbins, *Goodbye Janette*)
(ジャネットは彼女のほうには目をやらず, フロントガラス越しにじっと前を見つめているだけだった.)

b. He quickly stepped away and *kept walking* cautiously toward the office door.　(S. Sheldon, *The Naked Face*)
(彼は足早にその場を離れ, 事務所のドアのほうへ警戒しながら歩き続けた.)

c. Catherine was not sure how much longer she could *keep climbing*.　(S. Sheldon, *The Other Side of Midnight*)
(キャサリンはあとどれぐらいのあいだ登り続けならないのか見当がつかなかった.)

(15) a. She *kept slipping* the ring *off* and then *putting* it *on* again.
(J. Rossner, *Looking for Mr. Goodbar*)
(彼女は指輪を外してはまた, はめ直す動作を繰り返した.)

b. I had to *keep shaking* my head in order to stay awake.
(H. Robbins, *Never Love a Stranger*)
(私はねむい目を覚まし続けるために頭を左右に何度か振った.)

c. She *kept phoning* the desk for messages every ten minutes.　(S. Sheldon, *The Other Side of Midnight*)
(彼女は10分おきにデスクにメッセージを電話で伝え続けた.)

同一の動詞であっても「継続」か「反復」の意味かで曖昧になる場合もあ

る。[4]

(16) a. He *kept walking* as far as the station.
b. 彼は駅までずっと歩き続けた。
c. 彼は (毎日) 駅までずっと歩き続けた。

(16b) は a single occasion における同一行為の継続の意味が表されているが，(16c) では，different occasions における行為の反復の意味になっている。後者では，行為の繰り返しを表し，過去の習慣的意味合いが示される。
　瞬間動詞では行為の開始と終点が重なるので，keep 構文で用いられると「反復」の解釈のみが可能となる。

(17) a. *Keep knocking* until the door opens. (OELD)
b. Angrily she *kept on slashing* as he tried to turn.
(H. Robbins, *Never Love a Stranger*)
(彼が身をかわそうとするたび彼女は怒り狂って (ナイフ) で切り裂き続けた。)

---

4. 述語が accomplishment を表すときは「(特定時における) 行為の継続」の意にはならず「反復」の意になる。次例は前者の意では不可となる。
(i) a. *I *kept painting* the picture. (Brinton (1988))
b. *I *kept walking* to the station. (attested)
cf. I *kept walking* toward the station. (attested)
ただし，次例のように [cross the street], [walk to school] を endpoint を含まない activity としての解釈にすれば容認可能とする者もいる。この場合，前者では the street を「経路」として，後者では to school を「方向」として再解釈していると考えられる。
(ii) a. Bill *kept crossing* the street. (Jackendoff (1977))
b. John *kept on walking* to school. (Smith (1991))
ちなみに，for 句も accomplishment の述語とは通例共起不可だが，activity としての再解釈では可能となる。
(iii) a. *Frances read a story *for thirty minutes*. (Baker (1995))
b. *Mary built a house *for a day*. (Tenny (1993))
c. ?Mary walked to school *for an hour*. (Brinton (1988))
(iv) Jerry wrote a report *for two hours*. (Smith (1991))
(iv) では [do some report-writing] という atelic な解釈がされている。

次に，keepが状態動詞を従える場合について考えてみよう．次のように状態動詞が用いられている例に出くわすことは決して珍しくない．

(18) a. Mary *kept looking* as young as her sister. (Gruber (1976))
(メアリーはいつも妹と同じぐらい若々しく見せようとしていた．)

b. They both *kept standing* there shuffling their feet in the same place and pretending that nothing was happening.
(R. Jaffe, *Class Reunion*)
(二人は (ダンスフロアの) 同じ場所に立ったまま互いの脚をからませて何事も起こっていないかのようなふりをしていた．)

c. He went over to the door and let himself out. I *kept on sitting* in the chair.
(F. Frora, *Variations on an Episode*) (小西 (1974))
(彼はドアのところへ行って出て行ったが，私はじっと椅子に座ったままでいた．)

standを例にとってみると，この動詞には「ずっと立っている」という状態的意味と「立ちあがる」という非状態的意味があるが，(18b) は前者の意味で使われている．(18b) はこの状態的意味に (keep によって) 意図性が付加されていることに注意されたい．すなわち，「(ダンスが終わっても) そのまま立ったままお互いの脚をからませあっていた」という意図的意味である．状態的意味の stand は本来意図性に関しては中立であるが，keepと結合すると意図性が付与され，keep standing は「(意図的に) ずっと立ったままでいる」の意味を表すことになる．すなわち，立っている状態を一定のあいだ保つことであり，そこには主語の意志による働きかけがある．主語によるこの働きかけは [CONTROL] という概念で表すことができる．

以上の論点を踏まえた上で，以下の例文がなぜ容認不可となるかを考え

てみよう．

 (19) a. *The train was so crowded that I *kept standing* all the way.
    b. The train was so crowded that I *had to stand* all the way.
                  (Watkins (1988))

(19a) が不可なのは，電車が混んでいたという状況と自らの意志でずっと立っていたという状況が意味的な関連性を持たないからである．Watkins (1988) はこの理由を keep と状態動詞が共起できないからとしているが，これは誤りである．次のような適切な文脈では何ら問題はないのである．

 (20) a. I *kept on standing* all the way even though there was a space seat. (attested)
    b. You must *keep standing* until the President leaves.
                  (attested)

このように，述部で表されている行為や状態を主語が意志を働かせることによって保持できるかどうか，つまり，ある事態を主語がコントロールできるかどうかという基準が keep の述部の動詞を決定すると言えるのである．したがって，keep の補部は動詞の種類に関係なく主語によってコントロール可能な内容を表すものであればよく，状態動詞であっても全くかまわないことになる．

 ところで，stand に関して述べたように，keep の補部にくる動詞は [+controllable] という素性を内在している必要はない．[+controllable] という素性は補部を支配する上位動詞 keep によって付与されるものである．すると，keep の補部には [−controllable] な内容を表す述語だけが除外されることになる．状態動詞の look (見える) を例にとって，この点を確認してみよう．

 (21) Mary *kept looking* as *young* as her sister. (Gruber (1976))

この文には状態述語 (look young) が使われている．しかし，look young

が語彙的に意図性や制御可能性を持っているとは考えられない．この述語はkeepに支配されているから，[＋controllable] の内容を表す意味に解釈されるのである．具体的には，次のような使役的なコンテクスト（by 句以下の内容）が必要となる．

(22) Mary *kept looking* as *young* as her sister *by visiting the beauty salon every day.* (attested)

keep自体の中にこの [＋controllable] という特性が，言わば，文法化されているのである．この特性は，命令文や目的を表す構文（in order to 構文）などの持つ特性と平行的な概念であると言える．5「look ＋ adjective」は命令文や目的構文でも用いられる．

(23) a. *Look happy!* (Ljung (1974))
 （幸せそうな顔をしなさい．）
 b. A lot of girls make up to *look older* in the store.
　　　　　　　　　　(H. Robbins, *A Stone for Danny Fisher*)
 （少女たちの多くがその店では年上に見えるように化粧をしている．）

---

5. 命令文が可能であればkeep構文も可能ということにはならない．命令文では不可であるが，keep構文は可能の場合もあるからである．
(i) a. He *keeps worrying* about what wine to buy. As if it mattered.
　　　　　　　　　　　　　　　　　　　　　　　(COBUILD)
　　（彼はどのワインを買えばよいか悩み続けている．たいして違いがあるわけでもないのに．）
　　 b. "Gino! Sometimes I wonder if you're seventy or seventeen." "Just *keep wondering*, sweetheart. I like to keep 'em guessing."
　　　　　　　　　　　　　　　　　　　　　　(J. Collins, *Lucky*)
　　（「ジノ．あなたは70歳なのか17歳なのか時々分からなくなることがあるわ」「自問し続けてごらんよ．私はみんなに私の歳を推測させるのが好きなのだ」）
　　 c. *Worry about it.
　　 d. *Wonder if he will come.

第3章 aspectual verb——keep について

もちろん，keep の補部にくる動詞の中には，try, murder のように意図性を内在的意味として持っているものもある．ここでは，wear と own を取り上げてみよう．

(24) a. "You're still wearing your wedding ring," he remembered irrelevantly. "I thought I'd *keep wearing* it, if you don't mind," she replied. (P. Buck, *The Lovers*)
(「まだ結婚指輪をはめているんだね」と彼は関連のないことを思い出して言った．「あなたが気にしなかったら，ずっとはめておきたいと思ったから」と彼女は返答した．)
b. Despite high gasoline prices, she *keeps owning* a large car.
(Brinton (1988))
(ガソリンの値段が高くなったのに，彼女は大型の車に乗り続けている．)

wear の基本義は「人が自らの意志である物を選択して（ずっと）身に付けている」であり，own は「自分の支配のもとに資産として所有する」の意を表すことから，意図性を語義の一部として含んでいる．その意図性はさらに keep の [CONTROL] と一体となり上例のように主語の決意を表すのである．

以上の議論から，keep の補部には [－controllable] の述語は来れないという制約があることが分かった．次例は補部が [－controllable] の状態述語を含んでいるので容認不可になる．

(25) a. *He *keeps resembling* his brother.　　(Brinton (1988))
b. *The puppet *kept looking like* its owner.
(Gruber (1976))
c. *John *kept liking* Mary.　　(Freed (1979))
d. *He *keeps on being* tall.　　(Binnick (1988))

なお，remember (「忘れずに覚えておく」)，think (「信じる」)，hope (「(強

く）希望する」)，believe (「(堅く) 信じる」)，live (「生活する [暮らす]」)，love (「(強い) 愛情を抱く」) などの動詞は意識的努力を含意する非状態的意味の場合だけが，この A タイプの keep 構文に用いられる．

(26) a. The funeral of my favorite brother was an awesomely horrible event for me. I *kept thinking* it wasn't really happening, and I *kept hoping* it wasn't, but I also knew it was.

(R. Jaffe, *After the Reunion*)

(最愛の弟の葬式は僕にとってとても恐ろしい出来事だった．僕はこんなことが行われなければいいのにと考え，また希望し続けたが，それは不可能なことだと分かっていた．)

b. "Why don't you marry Karen? How long are you going to *keep living* in uncertainty?" (*Encounter*, Jan., 1981)

(「カレンとどうして結婚しないんだね？ あとどれぐらいこの不安定な生活を続けるつもりなんだい？」)

c. "*Keep remembering* that we consider her to be of the utmost importance to our future plans."

(H. MacInnes, *The Hidden Target*)

(「彼女は我々の将来の計画には欠かせない最重要人物だと我々は考えているのだということをずっと忘れないでいてくれ」)

d. "*Keep* right *on believing* that, and it won't be long before I see your name in the Sunday papers."

(J. Braine, *Room at the Top*) (荒木ほか (編) (1985))

(「それをただ信じ続けるがいい．そうすれば間もなく君の名前が日曜新聞に載るはずだ」)

e. He *keeps loving* her. (Brinton (1988))

(彼は彼女を愛し続けている．)

第3章 aspectual verb——keep について

f. He *keeps believing* her. (Ibid.)
   (彼は彼女のことを信じ続けている．)
   cf. ??She *kept expecting* him to call. (Wierzbicka (1988))
   cf. ??She *kept liking* him. (Ibid.)

なお，次のように「be＋形容詞」も keep の補部にくることができる．この場合も，述部の内容は主語によってコントロール可能でなければならない．

(27) a. John *kept on being foolish*. (Binnick (1988))
        (ジョンは愚かなことを繰り返し行った．)
     b. John *kept being wittier* than the other folks at the party.
                                                   (Gruber (1976))
        (ジョンはパーティでは他の人よりも機知に富んだ振る舞いをし続けた．)
     c. She wanted to *keep on being happy* for as long as she could. (R. Jaffe, *After the Reunion*)
        (彼女はできるだけ長い間幸せに生き続けたいと願った．)

いずれも行為的な意味であることに注意されたい．(27c) では，for as long as she could の副詞節の内容から分かるように，「くよくよせず，前向きに，明るい行動や思考を続ける (keep trying to be happy)」という持続的意味を表していることに注意されたい．ここでは，主語の意識的努力によって状態が保持されることを表す．

ちなみに，次例の be unfaithful も行為的意味を表し，「何度も妻に不貞をはたらく[浮気をかさねる]」の意である．ここでは，行為の「反復」の意味を表すが，非意図的行為であることに注意されたい．

(28) It was a perfect marriage, and Ivo sometimes found himself wondering as he transferred a girl from stage two to stage three, and another from stage four to stage five, why he *kept*

on being unfaithful. (S. Sheldon, *Bloodline*)
(それは申し分のない結婚だった．イボは一人の女性を第2段階から第3段階に，そしてもう一人の女性を第4段階から第5段階に移行させながら，どうして自分は妻を裏切ってばかりいるのだろうと時々思うことがあった．)

この例のように「be＋形容詞」の場合には意図性は必ずしも表されない．つまり，keep being adjective の構文にもタイプAとタイプBがあるということである．(28)では彼が意図的に浮気を重ねたという意味ではないので，タイプBの構文に属する．そして，タイプBでは常に「反復」の意味が表される．次例を参照されたい．

(29) She *kept being angry* with him. (Huddleston (1976))
(彼女は彼に何度も腹を立て続けた．)

なお，Huddleston (1976) は次例の keep being still を不可とする．

(30) a. *Keep being still until the cameraman has finished.
b. Keep still until the cameraman has finished.

これは語用論的な要因が関連しているように思われる．「動かずじっとしている (keep still)」こと，つまり，その状態を維持することは可能だが，「動かずじっとする」ことを行為として行うことはできないので，行為的意味の解釈はできない．このことは，次のような進行形が不可であることと関連する．still は [−active] である．

(31) a. *John *is being* still.
b. *John *is acting* still.
c. John *is being* active.

ちなみに，次例の「be＋形容詞」は状態的意味を表しているが，keep 構文で用いられている．これまで扱った「be＋形容詞」はいずれも行為的意

味を表すものであったので，一見すると，反例となるように思われるかもしれない．

> (32) He apologized so sweetly, I couldn't *keep being annoyed* with him. (BROWN)　　　　　　　　　　　　　　　(八木 (1996))

しかし，この文は「彼が丁重に謝罪したので，彼に腹を立て続けるわけにはいかなかった」の意味であることから，[being annoyed with him] の状態はコントロールされている状態であることになる．すなわち，「腹を立てたままの状態を意図的に保つ」という意味が表されていることに注意されたい．このように感情もコントロールできる場合もあるので，八木 (1996) が (32) の例をもって「静的継続」の場合も例外的にあり得るという主張は当たっていない．

　これまでは，主語が有性の名詞を扱ってきたが，次に，主語に無生物の名詞が来た場合について考えてみよう．

> (33) a. The fire *kept burning* all night. (Web. 3)
> b. It *kept snowing* all night long. (McCauley (1988))
> c. The watch will *keep going* even under water. (EED)
> d. Her heart began to pound as the Jeep *kept gathering* speed. (S. Sheldon, *Bloodline*)
> (ジープが (下り坂で) スピードを増してゆくにつれ彼女の心臓は激しく鼓動し始めた．)

これらの例の主語は人間ではないので，意志を持つとは言えないが，何らかの力 (force) は持っているものと考えられる．その意味合いにおいて，「動作主」の範囲内に含めてよい．(33a) の火 (fire) はそれ自体，燃え続ける力を持っている．(33b) では，いわゆる天候の it であるが，この it に概念的意味単位 SNOW が編入されており，it は SNOW の代用形式であると

みなされる (児玉 (1991), 中右 (1994)).[6] そして, 雪, 雨, 風なども運動をつかさどるエネルギーを蓄えた主体としての存在物であるので「動作主」と考えて差し支えないであろう. (33c) は機械類の一種であり,「自動的動作主」とみなすことができる.[7,8] (33d) は, 彼女の乗ったジープがブレーキ故障のため操作不能になり, しかも下り坂にさしかかり速度を増しつつあるという場面である. ジープはそれまでにかなりの速度で走っており, そのうえ下り坂に向かうのであるから, まるで乾いたスポンジが水を吸うのと同じく, 速度を勢いよく取り込むのは自然の理というものである. やはり, ジープは「動作主」の働きをしている.

ちなみに, 次の例は比喩的拡張と見なされる.

(34) a. I've added a cup of sugar, but the lemonade *keeps tasting bitter*. (Brinton (1988))
b. The shed *kept standing* despite the gale wind blowing against it. (Talmy (1985))

これはある力 (force) とそれを遮ろうとする力 (force) との相対作用の関

---

6. 次例は「天候」の it が [AGENT] としての振る舞いをすることを示す.
(i) a. What's it doing? It's raining. (Chafe (1970))
b. It's getting ready to rain. (Clark (1971)) (安井・鈴木 (1994))
c. It just will not stop raining. (Ibid.)
d. It was raining an hour ago and it's still at it. (Dowty (1975))
7.「自動的動作主」とは「主語が運動のエネルギー源であり,「自律性 (autonomy)」を持った実体」のことである (cf. 中右 (1994)).
(i) a. The machine automatically switches (itself) off at 6 p.m.
(Cruse (1973))
(その機械は午後 6 時には自動的にスイッチが切れる.)
b. The fire rapidly spread (itself) through the building. (Ibid.)
(その火事はすごい勢いでビルじゅうに広がった.)
ちなみに, 次例の the telephone も「自動的動作主」と見なすことが可能.
(ii) For the next two hours the telephone kept ringing.
(H. Robbins, *The Storyteller*)
(それから 2 時間電話は鳴りっぱなしだった.)

係から説明することも可能である．(34a) では，sugar が変化を起こす力を，lemonade がその変化を阻止する力を持つと捉えると，lemonade の力がまさり，変化しない状態を保つという見方である．同様に，(34b) では shed の力が gale wind の力にまさり，変化しない状態を保つ (keep from falling down) と考えることができる．相対的により大きな力を持ったほうが他方にコントロールを及ぼすということである．つまり，あるものが他から加えられた力に抗してもとの状態を保つ力を持つと言う場合にも，その主体は [CONTROL] を持つと考えられ，「動作主」と見なし得るのである．[9]

---

8. 例えば，草木や野菜などの有機体などは一定のプロセスをつかさどる力を持った主体，すなわち「自動的動作主」と見なしうる．したがって，control verb の代表的な相動詞である finish の主語に生じることができる．
    (ⅰ) a. The leaves finished falling last week.   (Freed (1979))
        b. The tomatoes finished ripening.   (Dowty (1979))
        c. The flowers finished blooming in late May.   (Freed (1979))
ちなみに，Pustejovsky and Bouillion (1996) は finish が control verb であるので，つまり主語は [AGENT] でなければならないので次例は不可とする．
    (ⅱ) a. *It has finished raining.
        b. *The sun has finished shining in my eyes.
しかし，(ⅱ) が不可なのは補部の動詞 (rain, shine) が activity を表するからである．finish は accomplishment とは共起するが activity とは共起しないという aspect 制約を持つことに注意されたい．
    (ⅲ) a. *Sam finished running races [long distances].
        b. Sam finished running the race.
        c. *Mary finished running.
                                                           (Brinton (1988))
したがって，次のように accomplishment では容認される．
    (ⅳ) The sun finished setting at 6:48.   (Freed (1979))
9. 次例は because of the ridge there がいわば controller の役目を果たしていると考えられる．
    (ⅰ) The log *kept lying* on the incline because of the ridge there.
                                                                           (Talmy (1985))
        cf. *The log *kept being* on the ground.   (attested)
この文は「丸太は突起物に引っかかってずっと斜面に横たわっていた」の意味である．the log は the ridge があるために静止しているのであり，もし the ridge がなければ斜面をころがり落ちるので，本来的に移動可能 (self-movable) なものとして捉えられている．

5. 主語が [CONTROL] を持たない場合——keep 構文 (B タイプ)

主語が [−CONTROL] の例を次に示そう．(35) は主語に物がきて，状態変化の反復が表されている．主語は [+change] でなければならないことになる．[10]

(35) a. The strap *keeps breaking*.　(OAD)
　　 b. My shoe lace *keeps* (*on*) *coming* undone.　(OALD⁴)
　　 c. The door *kept swinging*.　　　　　　(Gruber (1976))
　　 d. "The lights *keep flashing off and on*," the guide explained.
　　　　　　　　　　　　　　　(S. Sheldon, *If Tomorrow Comes*)
　　　　(「ライトは点滅し続けています」とガイドは説明した．)
　　 e. The typewriter *kept clacking*.

---

[10] 影山 (1996) は，能格動詞は変化対象が自らの性質によって状態変化を被る (自ら然る) ことを表す動詞であるとしながらも，能格動詞の主語はその変化を引き起こす内在的コントロールを持っているとするが，この論法でいくと能格動詞の主語の項は内在的意味素性として「動作主」の意味役割を持つことになる．しかし，例えば The vase broke. の文の the vase が「動作主」であるとは考えられないので，影山 (1996) の主張は受け入れられない．能格動詞の主語は「対象」であり，「動作主」の存在は不問に付されている．状態変化は内的要因，外的要因のいずれか，あるいは双方の要因によってもたらされるのであり，しかもその要因については言語化されていない．次の記述を参照．

　(i) a. The causative verb meaning includes an agent participant who causes the situation, whereas the inchoative verb meaning excludes a causing agent and presents the situation as occurring spontaneously.
　　　b. Events such as freezing, drying, sinking, going out, and melting occur commonly in nature around us and do not need an agentive instigator.
　　　　　　　　　　　　　　　　　　　　　(Haspelmath (1993))

しかし，コンテキストによっては，主語が内的コントロールを持つ主体として認識されることはあり得る．次のようなコンテキストの支えがあってはじめて「動作主」と見なし得るのである．

　(ii) A: Why does the vase do that?
　　　 B: What?
　　　 C: Keep falling off the shelf.
　　　　　　　　　　　　　　　　　　　　　　　　(Cruse (1973))

(H. Robbins, *The Storyteller*)
(タイプライターはカチカチと音をたて続けていた．)

次例は主語に人間がきているが，述語の意味から [CONTROL] は持たない．

(36)　a.　He *kept losing* his glasses.　　　　(Freed (1979))
　　　　　(彼はメガネを失くしてばかりいた．)

　　　b.　I *keep on forgetting* to post my wife's letters!
　　　　　　　　　　　　　　　　(Cowie and Mackin (1975))
　　　　　(僕は妻に頼まれた手紙を投函するのをしょっちゅう忘れる．)

　　　c.　I'm sorry we've *kept missing* each other.
　　　　　　　　　　　　　　(I. Murdoch, *An Accidental Man*)
　　　　　(お互いすれ違いばかりですまないと思っている．)

　　　d.　"She *kept getting tired*, and I took her in for test."
　　　　　　　　　　　　　　　　　(F. Stewart, *Six Weeks*)
　　　　　(彼女は疲れを覚え続けたので，私は彼女を検査のために病院へ連れて行った．)

　　　e.　"I *keep hearing rumors*, but there's nothing I can pin down."　(S. Sheldon, *Windmills of the Gods*)
　　　　　(「噂は何度も耳にするのだが目星をつけられる証拠は何もないんだ」)

　　　f.　"I think I'm hallucinating," Lucy groaned. "Either that or I'm going fucking mad! I *keep on seeing* a big comfortable bed and a cold glass of orange juice."
　　　　　　　　　　　　　　　　　　(J. Collins, *Chances*)
　　　　　(「私幻覚を見ているんだわ」ルーシーはうなるように言った．「そうでなければ，気が狂いかけてるんだわ．大きな安楽ベッドと冷たいオレンジジュースが何度も見えるのよ」)

(36a)は「メガネを失くす」ことの反復が，(36b)は「もの忘れをする」ことが繰り返し起こることが述べられている．(36c)では「お互いに会い損なう」ことが度重なった状況である．(36d)は「疲労を覚える」ことが頻繁になったという意味である．(36e)は目的語(rumors)が複数形になっていることから，「何度も噂を耳する」という反復的意味である．(36f)は停電のためエレベーターが停止し，その中に長時間閉じ込められたままになっているLucyが幾度となく幻覚症状を覚えている場面であり，やはり反復を表す．

　これらの例に共通して見られる特徴は「反復」である．それぞれの主語の意味役割に注目してみると，(36a)では「起点(場所)」，(36b)では主語を記憶の存在する場所と見なすと「起点(場所)」，(36d, e, f)では「経験者」となる．「経験者」も心的作用(認知・知覚)の「着点(場所)」であるから，(36)の諸例は比喩的な場合も含めると「場所」を共通の意味役割として持っていることになる．いずれも「動作主」ではないことを確認しておきたい．

　さて，主語が[−CONTROL]のとき，述語は常に「反復」の意味になるという事実をさらに次例で検証してみよう．

　　　(37) She *kept having* stomach ache.　　　(Huddleston (1971))

(37)は「彼女はしょっちゅう腹痛を起こしていた」の意味であり，「ずっと腹痛をおぼえていた」という状態的意味ではない．[She had stomachache]という事態(event)の継起が表されている．この文のhaveはsuffer fromの意味であるが，繰り返し患うことの可能な病気の場合のみkeep構文で用いられることに注意されたい(cf. *My son *kept having* appendicitis. (attested))．

　以上の論点をまとめると，次のようになろう．

　　　(38) Bタイプのkeep構文では，その文は常に事態(event)の「反復」の意味を表す．

このことは，主語の意味役割は動作主以外であれば何でもよいことを意味する．この種の keep は前節で扱った keep とは別種のものであり，主語とも，述語とも依存関係を持たない，いわゆる，疑似助動詞的用法であると考えられる．そして，その文法的意味機能は「反復」というアスペクト表示である．

ここでいう事態 (EVENT) は，状態 (STATE) と対立する概念である．[STATE] は境界を持たない均質的状況であるが，[EVENT] は開始点と終点を持つ状況である．[STATE] は [EVENT] にはなれないので，[EVENT] の命題文が状態述語を含むことはできない．したがって，そこから，keep の補部に状態述語が現れることもないという結論が自動的に導かれる．

さて，以下に疑似助動詞用法の keep が用いられている例を追加しよう．

(39) a. It *kept being* Mary who knew the answer.

(Huddleston (1971))

b. It was Mary who knew the answer.

(40) a. There *kept on being* riots in the Sudan. (Postal (1974))

b. There were riots in the Sudan.

(39a), (40a) の主語 It, There は基底文 (命題文) の主語であることに注意されたい．(39b), (40b) がそれぞれの基底文であると考えられる．また，次のように，能動文と受動文の関係は，keep が付加されても，知的意味のレベルにおいて同じであることから，keep は疑似助動詞として振る舞う．

(41) a. The rain *kept destroying* the flowers.

b. The flowers *kept being destroyed* by the rain.

(Huddleston (1976))

つまり，主語 (rain) と目的語 (flowers) の意味関係は能動文と受動文では一定の関係が保持されていることから，keep は文の真偽値を変えないの

である．

さて，この用法の keep は基底文に [EVENT] が仮定されているという主張を裏付けるためには，(39b) と (40b) の基底文が [EVENT] を表すことを，または [STATE] ではないことを証明しなければならない．以下，この点を論議してみよう．

まず，(39b) の文であるが，ここには強調構文が用いられている．この文は次の二つの解釈が可能である．

(42) a. 答えを知っていた人はメアリーだった．
b. 答えが分かった人はメアリーだった．

(42a) は know を状態的意味で解釈したものであり，(42b) は非状態的意味 (get to know) に解釈したものである．さて，この二つの状況の中で，その状況を反復的に解釈できるのは (42b) のほうだけである．もちろん，この場合，定冠詞の the は「唯一無二の」の意で限定的なものである (cf. the truth)．

以上の論点を押さえたうえで，(39a) を解釈すると，例えば，正解当てを競うクイズ番組で，「正解が分かったのはいつの場合もメアリー (だけ) だった」という反復の意味になる．なお，この場合，be は (become) の意で過程を表すと考えられる．

次に (40b) の文に移ろう．厳密には，この文の基底文は，次のように単数名詞 (a riot) を用いた文であると考えられる．基底文は，keep が代入される前の状況を表すものでなければならないからである．

(43) There was a riot in the Sudan.

この文は「存在文」の一種であるが，意味上の主語に出来事名詞 (riot) が用いられていることに注意されたい．すると，この文の be 動詞も「状態」ではなく「過程」表す非状態的意味であると考えられる．begin, happen, occur, arise, take place などと同じく出来事の生起を表すものである．「存在文」が次のような「状態」の be 動詞を含む場合には非文法的になる

ことから，(43) は過程命題文であり [EVENT] を表すことになる．

 (44) a. *There *keeps being* seven of us in my family.
   cf. There are seven of us in my family. (Swan (1980))
   b. *There *keeps being* a God in the Universe.
   cf. There is a God in the Universe. (Quirk et al. (1985))

これまでの議論を押し進めると，次の例の keep 構文も本節で扱っている疑似助動詞用法のものであることが判明する．

 (45) a. Something *keeps upsetting* him. (Quirk et al. (1985))
   cf. Something is repeatedly upsetting him.
   b. All that day, the incident *kept rankling* her.
      (S. Sheldon, *The Other Side of Midnight*)
   (その日は一日中，その出来事が彼女を悩ませ続けた．)

(45a) が反復の意味を表すことは Quirk et al. (1985) のパラフレーズからも明らかである．なお，この場合，心理動詞が使われていることに注意されたい．心理動詞には次の二つのタイプがある．

 (46) a. John feared the truth.
   b. The truth frightened John. (Tenny (1994))

両者では意味役割（「経験者」，「対象」）が逆になっているという違いがあるが，このほかに，(46a) は [STATE] を表し，(46b) は [EVENT] を表すという決定的な違いがある．(46b) では frighten が状態変化を表す使役的な意味を持つことに注意されたい (cf. Grimshaw (1990), Tenny (1994))．すると，(45) の両文も [EVENT] の反復と考えることができる．

 最後に，次のように，grow, go up, increase, expand, pile up などの「増加，増大，拡大」の意味を表す過程変化動詞（句）が用いられている場合を取り上げる．

(47) a. Prices *keep on increasing*.　　(LDCE)
　　　（物価が上がり続けている．）
　　b. The medical bills *kept piling up*.
　　　　　　　　　　　(S. Sheldon, *The Stars Shine Down*)
　　　（治療費がかさみ続けた．）
　　c. Lara's empire *kept expanding*.　　　　　(Ibid.)
　　　（ララの企業帝国は拡大し続けた．）
　　d. "Do you remember having anything to eat or drink that made you fell ill afterward?" She shook her head. "You just *keep feeling worse* every day?"
　　　　　　　　　　　(S. Sheldon, *Windmills of the Gods*)
　　　（「あとで気分が悪くなるような食べ物か飲み物をとった記憶はありますか？」彼女は首を横に振った．「日を増すごとに気分が悪くなってきたのですね？」）
　　e. "Your ratings in the polls *keep going up* every week."
　　　　　　　　　　　(S. Sheldon, *Rage of Angels*)
　　　（「君の世論調査の支持率は毎週増え続けているよ」）
　　f. The suspense *kept building*, minute by minute, hour by hour.　　　　　　　　　　　(Ibid.)
　　　（不安な感情は毎分，毎時間ごとにつのり続けた．）

これらの文は，特に (47d, e, f) の副詞句 (every day, every week, minute by minute, hour by hour) が示すように，事態の反復を表している．一見すると，継続の意味に解釈できるように思われるが，この継続の意味合いは，当該の状況を異なった観点から捉えることによって副次的に生まれるものである．すなわち，継続の解釈は，点と点を結び合わせたものを，全体として1本の線（曲線）として捉える見方から得られるものであり，認識の対象はあくまで点，ここでは [EVENT] の反復なのである．ある事態の反復は回数に乗じて次第に連続へと移行するのである．

6. おわりに

　以上，keep構文には2種類あることが明らかになった．どちらのタイプであるかを判別する手立ては，主語がdoing以下の内容をコントロールできるかどうかという意味基準ということになる．本動詞用法のkeepはcontrol verbということになる．本動詞用法の場合には，主語は[AGENT]でなければならない．さらに，この「動作主」の概念には意図性を持つ典型的なものから，自然の力を持つものや機械類などの「自動的動作主」，さらに，（極めて文脈依存的であるが）自然発生的な変化を表す「自発的動作主」などの周辺的なものまで含まれることを確認した．一方，疑似助動詞用法の場合，keepは「反復」というアスペクト表示機能を持つだけで，主語（あるいは補部）の項との独自の意味関係は持たない．なお，「反復」の意味を表すということは，その基底命題文が[EVENT]を表すものに限定され，[STATE]は排除されることを意味する．したがって，keepの補部の述語は非状態述語だけが可能であることになり，状態述語は不可となるのである．

　さて，これまでの議論の中では，主語の意味役割，つまり「動作主」か否かを基準にしてkeep構文を二つのタイプに分類したわけであるが，「継続」か「反復」かというアスペクトの意味を基準にして二つのタイプに分類することも可能である．「継続」の意味の場合だけが主語に「動作主」を要求するが，「反復」の意味の場合には主語の項の意味役割は制限されず，結局何であってもよいからである．このことは，「反復」の意味を表す疑似助動詞用法は基底文が[EVENT]を表すものであればよいのであるから，その[EVENT]文の主語の制約は何もないという自明の事実によって裏づけられる．以上の点を踏まえると，次のような結論を導くことができる．

(50) 　タイプA　　KEEP [AGENT, PROPOSITION]
　　　　　　　　Functional meaning： continuation
　　　タイプB　　KEEP [PROPOSITION (EVENT)]
　　　　　　　　Functional meaning： repetition

第4章

while 節中の動詞句のアスペクトをめぐって*

1. はじめに

　本章では「... の間に，... の間じゅう (during the time that; at the same time as)」の意味を表す while 節の動詞句（述語）のアスペクトを考察の対象する．論点は次の2点である．

　　(I)　while 節は「非完結的 (imperfective)」でなければならないか．
　　(II)　while 節に，いわゆる「瞬間動詞」は生起できないか．

上記の論点を議論しながら，次の結論に導くことが本章の目的である．

　　(a)　while 節は [+durative] であることが必要条件である．
　　(b)　while は語彙文法的に aspect expansion を trigger する．

　直観的に言って，while 節には継続的意味を表す動詞句が来るのが普通である．したがって，通例，ある一定時間継続する状態や行為・活動を表す動詞の単純形や，活動動詞の進行形が現れる．進行形は「(一時的) 継続」

---

　　*　本章を作成するにあたり出水孝典氏（立命館大学）から貴重な用例の提供を受けた．ここに記して謝意を表したい．

を表す文法形式であるので,「継続」期間を示す while 節には馴染みやすい.

 (1) a. They arrived *while* we *were having dinner.* (LDCE³)
   b. The next day her mother took her to their family doctor, and waited outside *while* she *was being examined.*
            (R. Jaffe, *Five Women*)
    (翌日彼女のお母さんは彼女をかかりつけの医者に連れて行き,彼女が診察を受けている間,外で待っていた.)
 (2) a. John cooked supper *while* I *watched TV.* (Swan (1995))
   b. She left by cab *while* he *slept.* (J. Collins, *Lucky*)
    (彼が寝ている間に彼女はタクシーで(家に)帰った.)

さて,これらの状態動詞,活動動詞,および活動動詞の進行形に共通の意味特性は「時間幅」という時間的特性であるわけだが,これとは異なった,完結的・非完結的というアスペクトの観点から見れば,while 節の動詞句は「非完結的 (imperfective)」ということになる.この後者の立場から while のみならず, after, before, since, until などの「時」を表す接続詞を統一的に扱っている論考に Kittredge (1969) がある.次節では,この Kittredge (1969) を検討し, while 節の必要条件は上記 (a) であること,つまり「時間幅 (durativity)」というアスペクト特性であることを論じる.

2. while 節は「非完結的」でなければならないか

 Kittredge (1969), さらに Kittredge (1969) を援用している荒木・小野・中野 (1977: 285-286) などは while 節は非完結的 (imperfective) であることが必要条件であると述べている.次例では while 節に進行形が用いられており非完結的な内容が表されるので正文となるという.

 (3) a. I found a table *while* John *was getting a drink.*

b. I noticed the fire *while I was getting out of my car.*

他方，次例では while 節が完結的な内容を表すので文法性が疑問視される．

(4) a. ?*A shot rang out *while* Max *began to eat.*
    b. ?The bomb exploded *while* Jack *opened the door.*
    c. ?Mary read *while* Jack *took a swim.*

このような perfective な動詞句は次のように進行形にして imperfective にする必要があると Kittredge (1969) は主張する．

(5) a. (?)A shot rang out *while* Max *was beginning to eat.*
    b. I noticed the fire *while I was getting out of my car.*
    c. Mary read *while* Jack *was swimming.*

なお，ある動詞句が完結的か非完結的かは次のような枠組みで起こりうるかどうかで確認できるとしている．

(6) a. [----------] occurs at a particular time.
    b. [----------] lasts for a length of time.

(6a) は特定時を表す at 句と共起するので完結的であり，(6b) は継続期間を表す for 句と共起するので非完結的であることになる．

　以上の論点を整理すると，while 節は非完結的であり，完結的な意味を表す文は不可になるということである．しかし，以下の分析ですぐに明らかになるように，Kittredge (1969) の完結的か非完結的かというパラメータを基準にした上記の制約は，while の持つ継続性という本質的特性を見落としてしまっている．結論を先取りして述べれば，while 節に生起可能な動詞句の条件は完結的か非完結的かの違いには全く関係ない．

　ある文が telic になる場合，すなわち Kittredge (1969) の perfective になる場合というのは Vendler (1967) の動詞分類でゆくと accomplishment と

achievement である．なお，ある文が telicity（終結点）の特性を持つ場合，おもに次の三つのタイプが認められる (cf. Tenny (1993))．

(7) a. 目的語が incremental theme（漸増主題）を表す場合．
   b. 移動動詞が着点 (goal) を表す前置詞句を伴う場合．
   c. 状態変化を表す場合．

まず，(7a) の場合の例から見てみよう．accomplishment はプロセスと終点を合わせ持つ動詞句のことである．accomplishment は時間副詞の in 句と共起できる．in 句はある時間枠の中で出来事が完了することを意味する．

(8) a. Lucy wrote a letter *in half an hour.*
   b. Lucy wrote the letter / several letters / three letters *in an hour.* (Kreidler (1998))

さて，次例は完結的な accomplishment が while 節に来ている．

(9) Raymond sat on the end of the narrow bed *while* Joyce *made two milkless mugs of tea.* (J. Archer, *First Among Equals*)
   (レイモンドは，ジョイスがマグカップ 2 杯のミルクなしの紅茶を作っている間，幅の狭いベッドの端に腰を下ろしていた．)

(10) "I could rent a small flat somewhere between the law courts and the commons *while* you *set up our real home* in Leeds."
   (Ibid.)
   (「あなたがリーズに私たち家族のための一軒家を建てる間，私は裁判所と下院の間のどこかに小さなアパートを借りてもいいです」)

次に (7b) の場合を検討してみよう．run などの移動様態動詞は，到着点 (goal) を明示する副詞句とともに用いられると，本来の継続アスペクトから完了アスペクトへの変換が引き起こされる．次のように in 句と共起でき

るので，文全体のアスペクトは完結的になる (cf. Tenny (1993))．

 (11) John ran to the station *in 10 minutes* [**for 10 minutes*]．

終点を表すことは次の文が不可なことから明らかである．

 (12) *Mary *walked to school* but she didn't actually get there.

(Smith (1997))

このように，John ran to the station. の文は [+telic] な解釈を受けるわけだが，while 節に用いられると，出発点から到達点までの範囲 (path) に焦点が当たり，その距離範囲を移動するのに要する時間が問題となる．この場合，「駅まで走って行く間に」という意味が表される．次は移動動詞が着点とともに用いられている例である．[1]

 (13) There was one [i.e. extension] in the bathroom. Celia waited *while* Andrew *went to it.* (A. Hailey, *Strong Medicine*)

   （バスルームに外線があった．セリアはアンドリューがそこへ行くまでじっと立って待っていた．）

 (14) Later they resumed the argument, and continued it *while* Alex

---

 1．移動動詞が目的を表す to 不定詞を従え，移動先での行為を表す場合にも while 節に用いられる．

  (ⅰ) I stepped into the front hallway and she left me standing *while* she *went to get her father.* (R. Parker, *Promised Land*)

    （私は正面玄関に足を踏み入れた．彼女は父親を呼びに行く間，私をそこに待たせておいた．）

  (ⅱ) "I assume my wife may rest on the train *while* I *go and purchase the tickets*?" he asked. (J. Archer, *A Quiver Full of Arrows*)

    （「私が切符を買いに行って来るまで妻は車内で待っていてもいいですか」と彼は尋ねた．）［車掌に対して］

  (ⅲ) *While* the man *went to get into the car,* Frank picked up the telephone in the living room once more. (K. Harper, *Falling in Love*)

    （その男が車のところへ行って乗り込む間，フランクはもう一度居間の受話器をとった．）

drove Margot home to her apartment.

(A. Hailey, *The Moneychangers*)

(また後になって彼らは議論を再び始め，アレックスがマーゴットを彼女のアパートまで車で送り届けるまで，その議論を続けた．)

次の (15) の got in は「車に乗り込む」という動作を表すが，while 節に用いられると過程にスポットライトが当たり，動作の開始から終点までのプロセスが焦点化される．

(15) I held the door open for her silently *while* she *got in*, then walked around the other side and got in behind the wheel.

(H. Robbins, *Never Leave Me*)

(彼女が車に乗り込む間，黙ったままドアを開けてやり，それから反対側に回り運転席に座った．)

次の (16a) の go to the bathroom は場所の移動を表すというよりもむしろ到着点での特定の目的の行為，ここでは「用をたす」行為をさす．日本語では「ちょっとトイレに行って来るのでその間」となろう．トイレに行き，用を済ませ，さらに戻って来るまでの過程が含まれている．さらに (16b) では，fetch の意の get が使われ，アスピリンを取りに行って戻って来るまでの過程が表されている．[2]

(16) a. "I'll see him. Just ask him to wait a minute *while* I *go to the bathroom*." (H. Robbins, *The Lonely Lady*)

(「彼には会うわ．おトイレに行って来るからちょっと待っ

---

2. 次では，移動先での継続状態が表されている (衣笠 (1999))．
    (i) I look after the children *while* she *goes to London*.
    (*Collins CUBUILD English Grammar*)
    (彼女がロンドンに行って家を留守にするときはいつも私が子供たちの世話をします．)

いてもらって」)

  b. "All I need's an aspirin." "Just sit here and rest *while I get you one*," she said aloud. (E. Segal, *Prizes*)
   (「アスピリンだけがあればいいのだけど」「私が持って来てあげるから，ちょっとここに座って休んでいなさい」彼女は大きな声で言った．)

次に decide を例にとってみよう．decide は結論に至るまでの行為を強調する語であり，accomplishment を表す (Lyons (1977: 711))．

 (17) After graduation he didn't go to college because he simply didn't know what he wanted to be in life and it seemed a shame to have his folks out good money *while* he *decided*.
            (G. Gipe, *Gremlins*)
  (高校卒業後，彼は人生で何になりたいのか単に分からなかったので大学には行かなかった．そして彼がこれからどうしようか決断を下すまでの間，両親に相当額のお金を送ってもらうことは恥ずべきことのように思われた．)

最後に，状態変化を表す (7c) の場合を検討してみよう．状態変化といっても，瞬時的変化と，ある程度の時間幅を要求するような継続的変化とがある．時間副詞との共起について述べると，for 句は連続的な変化過程を，in 句は変化の結果に到達したという解釈が得られる．

 (18) a. The water cooled down *in/for two minutes*.
   b. The chemical reddened *in*/(continuously) *for half a minute*.
             (Jackendoff (1996))

しかし，get hot, flatten out は in 句と共起するが for 句とは共起できないので完了アスペクトになる．

(19) a. The water got hot *in/*for ten minutes*.
 b. The amoeba flattened out *in/*for two minutes*.
 cf. The water got hotter *for/*in two hours*.

(Jackendoff (1996))

次例の warmed は継続アスペクトを表す．Kittredge (1969) の分類に従うと非完結的動詞ということになるので何ら問題はない．

(20) *While* it [i.e. the pan] *warmed*, he opened up a beer.

(E. Segal, *Man, Woman and Child*)

(鍋を温めている間，彼は缶ビールを1本開けた．)

しかし，次例の got ready（身支度をする），died down（弱まる）は完了アスペクトを表す．

(21) He hovered by the door *while* the girls *got ready*.

(E. Segal, *Man, Woman and Child*)

(彼は娘たちが身支度するまでの間，ドアのそばでうろうろしていた．)

(22) He would never have thought of coming to Las Vegas to stay *while* the enthusiasm for subpoenaing him *died down*.

(H. Robbins, *The Raiders*)

(彼を法廷に召喚しようとする熱意が下火になるまでの間，ラスベガスに戻って来てしばらく滞在しようという考えは彼ならば絶対に思いつかなかっただろう．)

次に状態変化動詞の open を例に取り上げてみよう．Kittredge (1969) は (23a) は完結的であるので容認度が下がるとしている．(23b) のように進行形にして非完結的にする必要があると主張する．

(23) a. ?The bomb exploded *while* Jack *opened the door*.
 b. The bomb exploded *while* Jack *was opening the door*.

しかし，次例のように while 節に用いることも可能である．

(24) The car was waiting in the street *while* Bill *opened the door.*

(Heinämäki (1974))

(24) では「銀行強盗のビルがあたりを警戒しながら慎重に銀行のドアを開ける間，仲間の一味は車の中で待機していた」という状況では自然な英文である．この場合，文脈上時間幅が保証され，ビルがドアを開ける動作が一定の時間幅をもって描写されている．

上例の while Bill opened the door が可能となる場合というのは，このようにドアを開ける過程の一部始終が焦点となる場合である．そして，この場合ドアを開ける動きを眺める観察者の視点がなくてはならない．(24) では待機中の車にいる仲間がその観察者であり，彼らの視線はビルの行動に注意深く注がれている．(23) ではそのような動きを凝視する観察者は主節に存在しない．あるとすれば語り手の視点であるが，その語り手の視線は爆弾の爆発で遮断され，動きを最後まで見届けることができない．したがって，(23a) は不自然と判断されるのである．一方，(23b) では while 節に進行形が使われ，主節の出来事の背景を描写している．ジャックの動きに注がれた語り手の視線は爆弾の爆発で遮断され，その瞬間，その出来事に意識の焦点が向けられることになる．まさしく，この表現効果は (23b) の進行形を用いた文で伝えられる．

次例 (25) では，ドアを開けるまでの行為に時間幅があり，その行為が完了するまでの間，子犬のペッピーはじっとおとなしく待っていたという意味が表されている．主節が継続状態を表しており，while 節の行為も時間幅のある行為として描かれている．登場人物 (I) の動きを凝視している観察者 (Peppy) の視点があることに注意されたい．

(25) By that time Peppy was whimpering in earnest, but she managed to control herself *while* I *got the door open.*

(S. Paretsky, *Guardian Angel*)

(その時までは (子犬の) ペッピーはしきりにくんくん泣き声をあげていたが，私が (小屋の) のドアを開けてやる間，泣き声を立てないようにじっとしていた．)

以上の考察から明らかなように，完結的な動詞句でも while 節に用いることができる．その場合，結果状態に至るまでの行為，すなわちプロセスが前景化され焦点化されることになる．完了アスペクトから継続アスペクトへの転換が起こっていると考えられる．したがって，while 節の中では，終点・完結点の概念は背景に押しやられた形になり，行為や変化のプロセスがクローズアップされる．なお，while 節の行為・移動・変化のプロセスが焦点化されるためには，そのプロセス解釈を可能とする文脈的支えを必要とする．具体的には，(24), (25) の例で見たように，そのプロセスを凝視する観察者の視線などである．このことは，これまで挙げた例文から察知されるように，主節には wait, watch などの継続動詞が使われ，瞬時的出来事を表す動詞は使われないという事実からも裏付けられよう．

結論的に，while 節に生じることのできる文のアスペクト条件は，状態 (state)，行為 (activity)，移動 (movement)，変化 (change) という事態に共通する [＋durative] という時間的特性であるということになる．

3. while 節に現れる「瞬間動詞」について

瞬間動詞は行為・出来事の始点と終点がほぼ重なり，時間軸上の一点で生起すると認識される動詞である．時間幅を持たないことから [－durative] である．Vendler (1967) の動詞分類の中の achievement (到達動詞) にほぼ相当する．achievement は特定時を示す at 句と共起できるが時間副詞 for 句とは共起できず，また，finish の補部には用いられない．

 (26) a. John died at 3 p.m.
    b. *Mary died for two years.   (Pustejovsky (1991))
    c. *We finished reaching the top.

d. *Bright Star finished winning the race.　　(Smith (1997))

なお，in 句との共起も可能だが，次の in an hour は「1 時間後に」の意になり，exploded は起動的意味を表すことに注意されたい．

　　(27)　The bomb exploded in an hour.　　(Smith (1997))

　以下，本章では，議論をスムーズに展開するために，状態変化 (change of state) という意味的特性を基準にして瞬間動詞を二つのタイプに分類してみよう．例えば，Quirk et al. (1985: 206-209) は瞬間動詞を瞬時性動詞 (momentary verb) と移行的出来事動詞 (transitional event verb) とに分けている．その基準は状態変化の有無である．conclusive は [+telic] という意味である．

　　(28)　Punctual　(a) Momentary events [acts]　(Non-conclusive)
　　　　　　　　　　(b) Transitional events [acts]　(Conclusive)
　　(29)　Momentary verb—nod, fire, jump, tap, kick, sneeze, explode, blink, flash, bounce［瞬時性動詞］
　　(30)　Transitional event verb—arrive, die, stop, catch, drop, receive, shoot, begin, sit down［移行的出来事動詞］

両者は進行形にすると異なる意味を表す．瞬時性動詞の進行形は「反復」の意味になるのに対して，移行的出来事動詞では「差し迫った未来」の意味になる．

　　(31)　a.　Someone was firing at us. / John was nodding his head.
　　　　　b.　The train is arriving at platform 4. / The queen was dying.
　　　　　　　　　　　　　　　　　　　　　　　　　(Quirk et al. (1985))

なお，「瞬時性動詞」は通例単一では生起しない (Smith (1997))．
　さて，本章では，状態変化を表す瞬間動詞を「瞬時的状態変化動詞」としておく．この状態変化は位置変化と抽象的状態変化を含む．瞬時的状態変

化の直後には必ず変化以前とは異なる結果状態が続く．瞬時的状態変化の直前には予備段階があるものもあれば，その予備段階がないものがある．例えば，die では，不慮の偶発的死の場合には予備段階はないが，重体の患者が死に至るような場合には予備段階が認められる．いずれの場合でも「死」は時間軸上の一点の出来事である．なお，「瞬時性動詞」は予備段階も結果状態もないものということになる．図示すれば次のようになろう．

(32) 瞬時性動詞 (knock)

      [瞬時的出来事]
        E
       ・(………)

(33) 瞬時的状態変化動詞 (die, find)

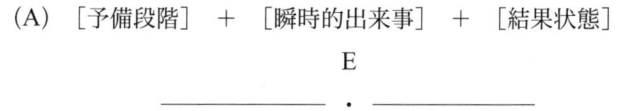

 (A) [予備段階]　＋　[瞬時的出来事]　＋　[結果状態]
          E
  ―――――――・―――――――

 (B)   [瞬時的出来事]　＋　[結果状態]
         E
       ・―――――――

瞬時的状態変化動詞が予備段階を含む (A) の場合には進行形が可能となる．進行形では，時間枠がその予備段階まで拡大され，行為や出来事の開始点に向かっての漸次的進行や差し迫った未来を表すと考えられる．ちなみに，次例の様態副詞も開始点，終了点の予備段階を修飾すると考えられる．

(34) a. John gradually started to like Mary.
   b. Slowly we began to get ready.
   c. The train gradually stopped. (Smith (1997))

さて，前節で詳述したように，while 節は [＋durative] であることを必要とするので，理論上，while 節には瞬時的な行為や出来事を表す [＋

punctual] の述語は生起できないことになる.

   (35) *Phil was running *while* he *found an opossum on the road.*

   (Heinämäki (1974))

while 節の中に瞬間動詞が来る場合には,次のように行為・出来事の反復の意が表される.反復は継続アスペクトを表すので可能となる.

   (36) An army of servants worked full force *while* a parade of Hollywood luminaries *kept arriving* at the door.

   (J. Collins, *Lady Boss*)

   (ハリウッドの大物たちの一群が玄関に到着し始めると,それにあわせて大勢の使用人たちが一斉に働いた.)

しかし,次では反復の意ではない瞬間動詞が while 節に用いられている.

   (37) He waited for a moment and then dialed Woodrow Wilson. There was the usual interminable wait *while* they *found Elizabeth.*   (J. Archer, *Shall We Tell the President?*)

   (彼はしばらく待ってからウッドロウ・ウィルソン(病院)のダイヤルを回した.彼らがエリザベスを探し出すまでいつも長い時間待たされた.)

この例の while 節では,エリザベスを最終的に見つけ出すまでの過程が焦点化されている.瞬間動詞の find は瞬時的状態変化を表し,(37) の例では予備段階 (searching for Elizabeth) という行為が含まれている.この予備段階の探す行為 (searching for) と,その最終的段階の探しあてる行為 (find) は連続しているが,それぞれ別種の行為であり,find だけが言語化されていることに注意されたい.while はこのように瞬時的行為に時間幅を持たせるように働き,予備段階の行為を取り込むのである.while のこの働きを aspect expansion (アスペクト拡大) と呼ぶことにしよう.同じ瞬間動詞であっても,上例の (35) の find は「偶然に見つける」の意である

ので，予備段階に相当する行為は存在しない．(33) の (B) のタイプに属する．したがって，aspect expansion は適用されず，(35) は非文となる．

次例では瞬間動詞の start (「作動させる」) が aspect expansion の作用を受けている．エンジンを作動させるまでの準備段階が取り込まれている．

> (38) *While* Sam *started the car*, they arranged the visit for ten days later—the Sunday after next.　(A. Hailey, *Strong Medicine*)
> (サムが車のエンジンをかけ始めた．その間，彼らは 10 日後，つまり再来週の日曜日の訪問の打ち合わせをした．)

さらに，次例の lost も瞬間的状態変化動詞であるが，ここでも，aspect expansion が起こり，ゴルフの試合に負ける結果に至るまでのプロセスが時間枠の中に取り込まれている．この場合の予備段階の行為はゴルフのプレーという行為である．競技の勝敗は競技を前提行為としている．

> (39) She and Edward spent a quiet weekend together at Cape Cod, and *while* he *lost yet another golf match* they discussed the tide in the affairs of one woman, the flood and the possible fortune.　(J. Archer, *The Prodigal Daughter*)
> (彼女とエドワードはケープ・コッドで静かな週末を過ごし，またしても彼がゴルグで負ける間に，一人の女の一生の潮流，満潮と起こりうる幸運について話し合った．)

同様に，finish も while 節に用いられると aspect expansion が起こる．次例 (40) の he finished the cigarette の文だけを取り出せば，「タバコを吸い終えた」という行為の完結点を表す点的 (achievement) 解釈になる．しかし，接続詞の while は [+durative] アスペクトを要求するために，この点的行為に時間幅を持たせるような aspect expansion を引き起こす．同様に，(41) では卒業するまでの在学期間が，また (42) では舌平目を食べる継続行為が予備段階として設定されている．

(40) We sat in the car silently *while* he *finished the cigarette.*

(J. Collins, *The Stud*)

(彼がタバコを吸い終わるまでの間，私たちは車の中に黙って座っていた．)

(41) She and Lincoln stayed together *while* she *finished college.*

(R. Jaffe, *Five Women*)

(彼女が大学を卒業するまでの間，彼女はリンカーンと同棲していた．)

(42) Thus, Miles sat, apprehensive, *while* Ominsky *finished his sole.* (A. Hailey, *The Moneychangers*)

(したがって，マイルズはオミンスキーが舌平目を食べ終わるまでの間，気を揉みながら座っていた．)

次例では身支度する (dressing) 行為が finish の後に動名詞として続き，これが予備段階に相当する．finish では予備段階の行為は前提行為となる．

(43) If she was not ready for him, he would make himself a drink *while* she *finished dressing.* (I. Wallace, *The Seventh Secret*)

(もし彼女が身支度がまだできていないのなら，彼女が身支度を終えるまで，酒を1杯作って飲んでいようかと彼は思った．)

次に「開始点」を表す瞬間動詞の begin, start の場合を取り上げてみよう．Kittredge (1969) の挙げている次例は，前節の議論では，while 節が [－durative] な内容を表すので不可となる，という説明を行った．

(44) ?*A shot rang out *while* Max *began to eat.*

この例を，いま議論している aspect expansion という観点から検討してみよう．先ほど，start の例 (38) では，開始点に至るまでの予備段階が取り込まれていたが，例文 (44) の場合も，食事を始める直前の予備段階 (ナプキンを膝に置き，ナイフやフォークを手にする行為) を時間枠の中に取り

入れて解釈することは可能である．しかし，その場合，食事は開始されたことになるが，銃声が鳴った時点で食事の開始は中断されたと考えられるので，この解釈は成立しなくなる．ちなみに，予備段階の後の行為開始の中断という意味合いは，while Max was beginning to eat や while Max was eating という進行形で過不足なく表されることになる．

これまでは開始点の予備段階に aspect expansion が適用されている事例を検討してきたが，次に開始点の後の継続行為に aspect expansion の範囲が及ぶ場合について考察してみよう．

次のように，瞬間動詞の begin, start が補部に不定詞や動名詞を従えて，行為の開始と行為の継続が表されている場合にも while 節に生じることができる．while 節では開始のあとに続く一定時間の行為の継続が取り込まれている．

(45) a. Abel sat on the edge of the bed *while* she *started telling* him about how to treat a lady.

(J. Archer, *Kane and Abel*)

（アベルは彼女が彼に女性の扱い方を話し始めると，その間ベッドの端に座って話を聞いていた．）

b. Every eye was fixed on him *while* Mr. Scott *began to guide* his client carefully through the minefield of evidence. (J. Archer, *A Twist in the Tale*)

（(弁護士の) スコット氏が依頼人を慎重に誘導しながら証拠の地雷原を渡り始めると，その間みんなの視線がスコット氏に注がれた．）

ちなみに，次例の begin は直接，名詞 (salad) を従えているが，while he began (eating) his salad と同じ意味である．

(46) Adam speared a piece of beef tenderloin and left it in the fondue pot *while* he *began his salad*. (A. Hailey, *Wheels*)

(アダムはサラダを食べ始めながら,牛のテンダーロイン肉の一切れをフォークで刺し,それをフォンデュ・ポットに入れた.)

4. おわりに

本稿では while 節の動詞句のアスペクトを扱い,前半では完結的・非完結的というアスペクト対立からの Kittredge (1969) の分析に批判的検討を加え,時間幅 (durativity) を基準にした分析の有効性を論証した.後半では,while 節には一般に生起しないはずの瞬間動詞が用いられる場合を取り上げ,aspect expansion という概念を導入することによって,これらの瞬間動詞を整合的に説明できることを論じた.

while は語彙文法的に aspect expansion を引き起こす力を持つ接続詞であるということになる.したがって,完結的な accomplishment では行為・移動・変化に共通するプロセスが,また瞬間動詞 (achievement) ではその予備段階を取り込んだプロセスがそれぞれ焦点化される.そして,状態・過程・行為の述語に共通のアスペクト特性は時間幅 (durativity) である.

第 5 章

until の主節の語彙・文法的アスペクト*

1. はじめに

　この章では until 句，until 節が進行形と共起可能かどうかを中心に考察する．そして進行形が共起可能な場合，話し手はどのようにその進行形で表された状況を捉えているかを考察する．

2. until の語彙文法的機能と共起する文のアスペクト制約

　本節では，まず until の機能を確認しておきたい．時間関係を表す until は up to the time (when) という意味であるので，主節の事態に時間的限定・境界を付与する役目を担う．この時間的限定という機能は言語学の領域では一般的に [bounded]（「有界的」）と呼ばれる．
　時間的限定は空間的限定と対比して考えると理解しやすい．例えば，John walked as far as the station. の文では，歩いた距離の範囲が駅までであったという意味であるので，as far as the station は walked を範囲限定

---

　* 本章では The British National Corpus (BNC) から多くの用例を利用させてもらった．ここに記して謝意を表したい．

していることになる．動詞は移動動詞であり語彙アスペクトは [atelic] であるが，文全体は範囲限定され，しかも過去時制となっているので文全体は [bounded] となる．これに対し，John walked to the station. の文では到着点を示す前置詞の to が使われていることから終結点 (endpoint) が文に内在的に含まれていることになり，Vendler (1967) の語彙アスペクト 4 分類の中で accomplishment に相当し，[telic]（「終結的」）となる．また，過去形で表されたこの文は時間的に終結点に到達したことを意味するので [bounded] になる．[1]

さて，as far as が空間的範囲を限定するのに対して，until は主節の事態を時間的に限定する働きをすることを確認したので，次に until と共起する文のアスペクト制約を見てみよう．

until の意味から容易に想像されるように，until と共起する文の表す事態は「継続」というアスペクト特性を持つものに限定される．この「継続」というアスペクト特性を [+durative] で表すと，until と共起する文の語彙アスペクト制約は次のようになる．

(1) until と共起可能な文の語彙アスペクト制約： 共起文は [+durative] でなければならない．

この [+durative] という特性は Vendler (1967) のよく知られた述語分類では state, activity, accomplishment に共通する特性である．しかし，achievement は [−durative] であるので until の主節には用いられない．[2]

---

1. telic/atelic と bounded/unbounded の違いについては第 6 章の注 2 を参照．
2. 否定文では「否定の継続」が表されるので achievement verb, accomplishment verb も用いられる．
 (i) a. We *did not notice* the bat *until* it took off.
     b. Claudia *did not wake up until* the telephone rang.
                                                              (Heinämäki (1978))
さらに，主節が「反復」を表す場合にも [+durative] となり，文全体は [atelic] となる．
 (ii) a. Perhaps Gisele was in the bathroom. Liz *knocked harder, persistently, until* her knuckles hurt.   (I. Wallace, *The Miracle*)

(2) *We *noticed the bat until* it took off.　　(Heinämäki (1978))

なお，accomplishment は [+durative] ではあるが，until の主節に用いることはできない．[3] この理由は accomplishment は内在的に終結点 (endpoint) が組み込まれているので，すなわち [telic] であるので，until によってさらに時間的限定を加えることはできないからだと考えられる．

(3)　a.　*John *built a house until* he ran out of bricks.

　　　　　　　　　　　　　　　　　　　　　　(Heinämäki (1978))

　　　b.　*John *painted a picture until* noon.　　(Moltmann (1991))

　　　　　(ジセルはバスルームにいるに違いないと (リズ) は思った．リズはくるぶしが痛くなるほどドアをドンドンと激しく，何度も何度も叩いた．)
　　b.　Both he and his brother *jumped up and down on the platform until* the train boomed past them.　(K. Harper, *Falling in Love*)
　　　　　(彼と彼の弟は二人とも列車が轟音を立てて通過するまでプラットホームで飛び跳ねていた．)
　　c.　Mary *drew pictures until* noon.　　　　　(Moltmann (1991))
　　　　　(メアリーはお昼まで何枚かの絵を描いた．)
3. until が「結果」を表す場合には，主節に accomplishment も可能．例文 (ia) の weed out は accomplishment を表す．また例文 (ib) では take two steps となっているので [telic] な表現になっている．さらに，例文 (ic) では the 90 miles と有界的経路目的語が使われているので flew the 90 miles は accomplishment である．
　(i)　a.　The roughs *are weeded out until* only the best remain.　(BNC)
　　　　　(そこの (ゴルフ場の) 雑草はすべて引き抜かれ，良質の芝だけが残っている．)
　　b.　Hunter *took two steps along the sofa until* he was confronting Gayle Miller.　(I. Wallace, *The Celestial Bed*)
　　　　　(ハンターはソファーの上を二歩分身体をずらし，ゲール・ハンターに向き合った．)
　　c.　He *flew the 90 miles* at a height of less than 100 ft, to dodge both Cuban and American radar defenses, *until* he reached his city of Matanzas.
　　　　　　　　　　　　　　　　　　　　　　　　　　　　　　(BNC)
　　　　　(彼は 100 フィートの高度で 90 マイルの距離を，キューバとアメリカのレーダーをくぐりぬけながら飛行機を操縦して，マタンザスの彼の故郷の町に到着した．)

以上の点をまとめると，(1) の語彙アスペクト制約は次のように修正する必要がある．

> (4) 主節の語彙アスペクト制約： 主節は [+durative] かつ [atelic] でなければならない．

ちなみに，次のように開始点を表す begin や start の相動詞が使われている場合には achievement ではあるが，開始後の「行為の継続」を until は修飾していると解釈される．

> (5) It was Ron Peterson, smiling down at her, and Catherine's heart *began to pound until* it began to burst out of her chest.
> (S. Sheldon, *The Other Side of Midnight*)
> (その人はロン・ピーターソンで，彼女を見下ろしながら微笑みかけていた．キャサリンの心臓は胸から飛び出しそうになるほど激しく鼓動し始めた．)

> (6) I *started dreaming* again *until* I heard footsteps outside.
> (BNC)
> (私は再び夢を見始め，外で人の足音が聞こえるまで目が覚めなかった．)

さらに，次のような変化動詞 (become) の場合にも変化後の状態 (be manager), (be asleep) を until は修飾している．

> (7) Eventually he *became manager* at the Alton branch *until* the store closed in 1965. (BNC)
> (最終的に彼はアルトン支店の支店長になり，1965 年に店が閉店になるまで支店長を務めた．)

> (8) After dinner and a movie they both *fell asleep until* the steward announced it was time to prepare for landing.
> (J. Collins, *Vendetta: Lucky's Revenge*)

（夕食を食べ，映画を見た後，二人は寝入ってしまった．そして客室乗務員から着陸態勢に入りますとアナウンスがあるまで目が覚めなかった．）

また，位置変化や状態変化を表す accomplishment の場合にも同様に変化後の状態を until は修飾すると解釈される．換言すると，CAUSE [BECOME [STATE]] で示される accomplishment の概念構造の [STATE] の部分を until は修飾している．次の例文 (9) では (be back on the goddamn stand) を，(10) では (be married) の [STATE] の部分をそれぞれ修飾している．

(9) Claudia ran toward the bench. "Then *put me back on the goddamn stand until* I convince you," she pleaded.

(C. Reilly, *Nuts*)

（クローディアは裁判官席に駆け寄った．「あたいを証人席に立たせてくれりゃ，説得してやっからさ」と彼女は懇願した．）

(10) "I know it's a terrible thing to ask, but—would you be willing to *marry me until—until* my mother dies, and then give me a divorce?" (S. Sheldon, *A Stranger in the Mirror*)

（「こんなこと頼むのはむごいことだとは分かっているんだけど，母が死ぬまでの間でいいから僕と結婚してくれないか？その後離婚してくれたっていいのだけど，どうかな？」）

ところで，次のように主節に進行形ではなく現在分詞が用いられ継続状況を表すことがある．(11a) の例では watching と現在分詞となっているが，これは進行相を表しておらず，sat and watched him until ... の意で activity を表している．(11b) の waving も同様に activity を表す．

(11) a. She didn't move from the bed but *sat watching him until* finally Benjamin turned around and walked to the door.

(C. Webb, *The Graduate*)

（彼女はベッドから動かず，座ったままで彼を見つめていたので，ついにベンジャミンは意を決してぐるりと背を向けてドアのほうに歩いて行った．）

  b. Frank *stood waving* on the platform *until* he could no longer see her at the window.

(K. Harper, *Falling in Love*)

（フランクはプラットホームに立ったまま，彼女の姿が窓から見えなくなるまで手を振り続けた．）

さらに，keep や continue のような継続を表す相動詞も可能である．いずれの場合もアスペクトは [+durative] である．

 (12) a. I *kept shouting until* my voice was hoarse and a mere squeak in my throat.

(H. Robbins, *A Stone for Danny Fisher*)

（私は声がしわがれて喉元でキイキイという音になるまで大声で叫び続けた．）

  b. He bellowed with pain and rage, and sitting astride, *continued punching* her savagely in the face *until* she lay still.

(BNC)

（彼は苦痛と怒りで怒鳴り声を上げ，彼女にまたがり，彼女が身動きできなくなるまで顔に猛烈なパンチを浴びせ続けた．）

次に until 句，until 節と進行形が共起可能かどうかについて考えてみよう．

until が進行形とともに用いられた文の容認可能性については言語学者の間でも判断に揺れが見られる．Heinämäki (1978) は次のように until の主節に進行形は用いられないとする．

 (13) a. *John *was reading the book until* we came.

第 5 章　until の主節の語彙・文法的アスペクト　　　　　　　　93

  cf. John *read the book until* we came.
 b. *Mike *was playing tennis until* his toes hurt.
  cf. Mike *played tennis until* his toes hurt.

また，Kittredge (1969) は，主節に進行形が用いられた文は不自然であると判断している．[4]

 (14) ?John *was waiting until* Mary arrived.

これに対して，Declerck (1981) や Swan (1995) は容認する立場をとっている．

 (15) a. John *was watching television until* midnight.
  cf. John *watched television until* midnight.

             (Declerck (1981))

4.　ちなみに，筆者のインフォーマントの 3 名は不自然と判断したが，2 名は可能と判断した．
　ところで，I *was waiting until* the others came back. (Declerck (1991)) の文は，進行形が主語の「意図・予定」を表し「他の人たちが帰って来るまで待つつもりであった」という解釈なら可能であるかを確認したところインフォーマント全員がその解釈なら容認可能とした．次例の進行形も主語の「予定・意図・計画」を表している．
 (ⅰ) a. She said she's *working till* six, and then going to aerobics.　(BNC)
    （彼女は 5 時まで仕事をしてそれからエアロビクスに行く予定だと言った．）
  b. "I'*m working till* six o'clock, and then I'm going home and sleep for about twelve hours. I have to be back here at eight o'clock tomorrow morning."　(D. Steel, *The Cottage*)
   （「今日は 6 時まで仕事で，それから家に帰って 12 時間ほど寝るわ．明日の朝 8 時にはここ（病院）に戻らなくてはならないの」）
さらに，until を含む文が進行形で用いられて「限定的期間」における習慣や反復を表すこともある．
 (ⅱ) Some of the farmers *were working till* nearly midnight when it was harvest time you know.　(BNC)
  （収穫時期になると農夫のうち何人かは真夜中近くまで働いている人もいましたよ．）［インタビューに答えている場面］

b. 'You look tired.' 'Yes. I *was cycling* non-stop *until* five o'clock.'   (Swan (1995))

上記の文献にはなぜ進行形が容認不可なのか，不自然なのか，また容認可能なのか，その理由は示されていない．そこで，このような判断の揺れの原因を，以下二つの観点から考えてみよう．

まず，進行形の有する文法的アスペクト特性の一つである [imperfective] に注目してみよう．

進行形は状況 (situation) を「未完結 (imperfective)」として，つまり，[unbounded] として表示する表現形式である (cf. Declerck (1991: 157))．したがって，文の状況を [unbounded] にする進行形の文法的アスペクト機能と，状況を [bounded] にする until のアスペクト機能とが衝突してしまうので，結果的に，上の (13) や (14) は容認不可あるいは不自然と判断されるのではないかと推測できる．

この「アスペクト衝突」という考え方は Declerck (1991) が進行形と for three hours のような継続時間副詞句との共起可能性を論じる際に与えた説明を基にしている．以下，この考え方を「アスペクト衝突説」と呼んでおく．次の2文を比較してみよう．

(16) a. They *talked* about the accident *for two hours*.
　　 b. *They *were talking* about the accident *for two hours*.
(Declerck (1991: 182))

for 時間副詞句は時間的限定を与えるので [bounded] の機能を持つ．したがって，(16b) のように [unbounded] である進行形と for 時間副詞句を用いた文は非文法的になる．[5] この線にそって考えると，次例の worked を

---

5. ただし，for 時間副詞句は継続の現在完了形とは共起可能である (Declerck (1991: 182))．

(i) We *have* already *been waiting* for two hours.

この例文の for two hours は待ち始めた時から発話時に至るまでに経過した時間を示して

was working にすることはできないことも自動的に説明できる．

 (17) I used to work with him in my mother's shop—he *worked* there *for twenty-five years*, *until* he died a few years ago.

(BNC)

（私は彼とは母の経営する店で一緒に働いていた．彼は亡くなるまで 25 年間その店で働いた．）

 しかし，進行形が [unbounded] であるので until とは共起できないという理由だけでは十分な説明が与えられたことにはならない．なぜなら，単純形の場合でも，例えば上例 (13b) の Mike played tennis until his toe hurt. の文では，until 以下を除いた John played tennis. の部分だけを取り出せば，通例 [±bounded] であるからである．ただし，この問題点は [(un)boundedness] の程度 (degree) の違いを考慮すれば解決されよう．単純形と進行形がともに [unbounded] である場合でも，進行形のほうは必然的に [unbounded] という特徴を持つ．さらに for 時間副詞句と until を [boundedness] の程度で比較してみると，for 時間副詞句はその継続期間の初めと終わりが，つまり期間の両端（左端と右端の両方）が [bounded] されているが，until では期間の終わりだけが，つまり右端だけが [bounded] されているので，for 時間副詞句のほうが until よりもより [bounded] である．このように考えると，for 時間副詞句は進行形とアスペクトが激しく衝突するので完全に非文法的になるが，until は左端が [unbounded] なので，そのぶん進行形とともに用いてもさほど容認度は下がらないと考えられる．つまり，until は主節の継続時間の右端だけを [bounded] するので，左端の [unbounded] の部分に [unbounded] な進行形を用いられる可能性があるということになる．

いる．したがって，発話時が示されている時間の終点である．しかし，場面，状況は発話時に終結するものとしては表されていない．待つ行為は，発話時を越えて継続しているかもしれないからである．

以上が「アスペクト衝突説」の考え方であるが，次にもう一つの観点から until と進行形の共起可能性の問題について考えてみよう．「アスペクト衝突説」では進行形の [imperfective] という文法的アスペクト特性に注目した考え方であるが，ここでは進行形の [＋durative] というもう一つのアスペクト特性に着目してみよう．進行形を用いる場合には必ず「時間幅 (duration)」が保証されなければならない．語彙アスペクトのレベルで activity および accomplishment の動詞（句）は内在的に時間幅を持っている．しかし，achievement の動詞では内在的に時間幅を持っていないが，進行形にすると時間幅が拡大され，終点までの前段階を表す差し迫った未来の用法や反復の用法になる (cf. Leech (1987))．このように進行形はいずれの場合にも「時間幅」を持つので，つねに [＋durative] である．この点を踏まえて until と共起する文のアスペクト制約を見てみると，共起文は [＋durative] でなければならないというアスペクト制約を進行形は満たしていることになる．

ただし，その場合，[＋durative] な activity の動詞では単純形との違いが明らかにされなければならない．そこで，単純形ではなく進行形を用いる場合には，単純形では伝えられない進行形特有の意味が表されていると考えることができる．換言すると，進行形特有の意味を表す必要が特に見当たらないような場合には単純形のほうが一般的であることになる．

以下，次のように until の主節に進行形が用いられた実例を検討してみよう．

(18) Everyone saw that the horse *was galloping well until* there was a clean break of the leg. (BNC)

(19) Frankie, at 64, *was working right up until* he was taken ill. (BNC)

(20) Gary *was working for IBM until* 1969, when he got a job at Sperry. (LDCE[3])

(21) I *was dancing with the officers until* two o'clock this morning!

第 5 章　until の主節の語彙・文法的アスペクト　　　　　　97

(BNC)
(22) *Until* the last minute I *was revising our document, often making significant alternations, and ringing up members of the Group* for this assent. (BNC)
(23) He had known Eliot since the First World War, and at that time and *until* the poet's death in 1965, he *was seeing him frequently.* (BNC)
(24) He *was regarding her with unnerving concentration, until* she felt she wanted to duck down under the water, fearing her swimsuit was see-through or something. (BNC)
(25) William Tidbury stated that on 11 December he *had been working until* late at a local farm (this had already been borne out by the farmer). (BNC)

　これらの進行形は行為・過程が until で示される時点まで継続していたことを表しているが，単純形とは異なり，主語の行為・活動そのものが焦点化され，ときには主観的にまたときには強調的に表現されている．(18)では骨折するまでは競争馬が順調に疾走していたことが，(19)ではFrankie が病気になるまでは元気に働いていたことが主観的に描写されている．この場合，話し手（書き手）は自らの視点を主語の the horse, Frankie に置いて，主語に共感的にその行為・活動を描写している．until 以下の出来事によってそれまでの順調な主語の行為・活動が中断され，話し手（書き手）は無念さを覚えている．(20)では Gary が IBM に一時的期間働いていたことが表され，進行形の持つ「一時性」の意味が反映されている．(21)では役人たちと朝の 2 時まで踊っていたことが感嘆的に述べられている．朝の 2 時まで踊るという特別の体験が私にとっては印象的であったのである．(22)では議員秘書の私が原稿手渡しの寸前まで原稿の校正や手直し作業，さらに同僚議員への同意確認の電話などに懸命に取り組んでいた様子がありありと述べられている．行為反復を表す進行形である．

また，(23) は瞬間動詞の see が進行形として使われているので反復の意味である．(24) は，彼が彼女（の水着姿）に視線を一点集中させまじまじと見つめ続けたので彼女は不安になり水中に身を隠したい気持ちに駆られたという意味である．書き手は彼女の視点に身を置き，彼の執拗な視線を浴びせていることに批判的な感情を抱いている．最後に (25) では，アリバイを主張しているところに進行形が使われている．進行形の「強調用法」がうまく活かされている．

これらの例文ではまさに進行形そのものの意味が表されているのである．具体的には「主観性」「一時性」「反復」「強調」「生き生きとした生彩」などの意味である (cf. 安藤 (1983))．単純形の場合は状況を過去の事実として客観的に述べた捉え方となるので，進行形の持つこれらの多彩な意味合いは伝えられない．つまり，until 節の進行形は上で述べたさまざまな話し手の表現意図を表すために選択された表現形式であると言えよう．[6]

これらの点を踏まえた上で，(13)，(14)，(15) の例を検討してみよう．(13)，(14) では特定の時点まで「読書した」「テニスをした」「待った」ことが客観的に述べられているので，進行形にする動機づけが存在しない．(15a) では，How long [How late] did John watch television? に対する答えとしては単純形で John watched television until midnight. と答えるのが自然となろう．一方，What was John doing until midnight? に対する答えとしては John was watching television until midnight? が自然となる．そしてこの場合には，コンテクストによっては「真夜中までテレビを観ていた」ことに対して話し手の批判的態度が表されることもある．(15b) では話し手の焦点は主節の I was cycling non-stop にあり，主語の活動が生き生きと描かれている．

以上の考察から，主節は [+durative] でかつ [atelic] という語彙アスペク

---

6. 次のように，差し迫った未来を表す進行形も until と共起可能（インフォーマント調査による）．

   (i)   a.   Jack *was winning the race until* the last lap.
           b.   Maggie *was winning the race until* Zola tripped her.

ト制約を持つことが明らかになった．さらに，進行形は［＋durative］であるのでこのアスペクト制約を満たすが，その場合，単に「継続」の意味を表すのではなく，上記の進行形独自のさまざまな意味合いが表されていることが分かった．

3. おわりに

本章では until 句［節］と共起する進行形について考察した．最初に，until は主節の事態に時間的限定・境界を与える語彙文法的機能を持つことを確認した．この機能から until と共起可能な文のアスペクト制約としては，［＋durative］と［atelic］という語彙アスペクト特性を提示できることを例証した．また，進行形は［＋durative］なので，上記のアスペクト制約を満たすけれども，その場合，進行形独自の意味を表すために用いられる，言わば，有標の表現形式であるので，特にこのような意味合いを表す必要がない場合には用いられず，アスペクト的には同じ［＋durative］である行為・過程動詞の単純形が用いられることを述べた．

第 6 章

until 節の進行形について

1. はじめに

　この章では until 節の中で進行形が可能かどうかを中心に考察する．そして進行形が可能な場合，話し手はどのようにその進行形で表された状況を捉えているかを考察する．

　Kittredge (1969) は until 節は「完結的」でなければならないので，進行形は不可とする．[1] 次の 2 文を比較されたい．

　　(1)　a.　Alex danced *until the music stopped.*
　　　　b.　?*Alex danced *until the music was stopping.*

ただし，次の 2 文は進行形が使われているが，例外的に容認可能であるとしている．

　　(2)　a.　John kept playing poker *until he was winning.*

---

　1. 出水 (2001) は Kittredge (1969) と同じく，until 節は [+telic] であるとして議論を進め，進行形の場合は例外的な扱いをしている．以下の議論で明らかになるが，until 節は [+telic] であるというアスペクト制約は存在しない．ただし，出水 (2002) では出水 (2001) が修正されている．

b. (?) John didn't come *until the party was breaking up.*

(2a) は John kept playing poker until he began winning. のような解釈が与えられると容認可能であるとする．他方 (2b) の進行形は容認可能であるが，なぜ容認可能なのかは説明が困難だとし，代わりに次のような表現のほうが好まれるとしている．

   (3)   John didn't come until after the party started breaking up.

この章では Kittredge (1969) が例外とする (2a, b) の文（そして (1b) の文）は決して例外ではないことを手元の実例で明らかにする．

  Kittredge (1969) の主張に従うならば，進行形は [imperfective]（「非完結的」）なものであるので until 節には不可または不適切となるはずである．しかし，彼の主張とは反対に次のように until 節に進行形が用いられた実例が数多く存在する．

   (4)   But those were the first and last meteorites found *until the six week season was ending and the party was preparing to leave Antarctica.* (BNC)
(しかし，あの隕石は，調査期間の 6 週間が終わりかけ，そして調査団が南極を離れようとしている頃までに発見された最初で最後の隕石だった．)

   (5)   Helen Cooper waited *until they were having their coffee.*
                                (S. Sheldon, *Rage of Angels*)
(ヘレン・クーパーは彼らがコーヒーを飲む段階になるまで（話を切り出すのを）待った．)

   (6)   Mrs. Robinson reached up to put one of her hands on his sleeve. Then she stood slowly *until she was facing him.*
                                  (C. Webb, *The Graduate*)
(ロビンソン夫人は片手を伸ばし彼の袖を押さえた．それからゆっくりと立ち上がって彼と向き合った．)

例文 (4) では瞬間動詞 (achievement verb) の end と，活動動詞 (activity verb) の prepare の進行形が使われている．例文 (5) では活動動詞の have (= drink) の進行形になっている．また，例文 (6) では状態動詞 (状態的意味を持つ動詞) の face が進行形で用いられている．このような進行形はどのような要因によって生起可能なのであろうか．これらの問題を解決する手掛かりは until の本来的な機能の再吟味にある．そして until の機能を確認して初めて until 節の中で用いられる進行形は決して例外ではなく，しかるべき要因によって動機づけられた言語形式であることが解明できる．

2. until 節の進行形について

本論に入る前に until の機能を確認しておこう．接続詞 (前置詞用法も含め) の until は，主節の継続事態に時間的限定・境界を付与するする機能を持つ．換言すると，until は主節を時間的に bounding するように働き，そして主節は until によって時間的に bounded されることになる．この働きを until の「境界化」と呼んでおこう．

until が「境界化」の機能を果たすためには until 節は境界点を表す事態でなければならない．そして，その境界点としては終結点が代表的である．したがって，until 節内には明確な endpoint をもつ動詞 (句)，つまり [+telic] の特性を持つ動詞 (句) がくる場合が一般的である．典型的には accomplishment と achievement の場合である．

(7) I earned the money for the family, *until he died*.　(BNC)
　　(彼が亡くなるまで私が家族の生活費を稼いだ．)

(8) She didn't stop running *until she reached Grand Central Station*.　(J. Collins, *The Love Killers*)
　　(彼女はグランド・セントラル駅に到着するまで走るのを止めなかった．)

(9) She resolved to drink no more champagne *until she got home*.

(R. Jaffe, *Class Reunion*)
(彼女は家に帰るまでこれ以上シャンパンは飲まないでおこうと決意した．)

(10) They talked *until the coffee shop closed*, and by that time they were old friends. (S. Sheldon, *A Stranger in the Mirror*)
(彼らはコーヒー店が閉店時間になるまで話し込み，その頃までには旧友の仲になっていた．)

(11) The fury in her eyes grew more and more intense *until it turned into a steely, faraway stare*. (C. Reilly, *Nuts*)
(彼女の目に表れた怒りはますます激しさを増し，ついには冷酷で遠くを見据えるような目つきに変わった．)

ここで，境界点と終結点の区別を明確にしておく必要がある．境界点は時間軸上の明確な点であればよく，時間軸上に任意に指定される点である．他方，終結点 (endpoint) は境界点の最終点であり唯一無二に指定される点である．つまり，境界点≧終結点という包含関係が成り立つ．喩えて言えば，境界点は「各駅停車」の「停車駅」であり，終結点は「終着駅」ということになる．[2,3]

---

2. ある文が [telic/atelic] か [bounded/unbounded] かということに関してまとまった形で論じているのは Declerck (1989) と Depraetere (1995) である．後者によれば両者の区別は次のようにまとめられている：終結点が内在的であっても (inherent endpoint)，また意図されるという形であっても (intended endpoint)，状況 (situation) に潜在的に組み込まれている場合を [telic]，組み込まれていない場合を [atelic] と呼ぶ．一方，状況が [telic] [atelic] のどちらかであるかにかかわらず，時間的な境界に達した場合を [bounded]，達しなかった場合を [unbounded] と呼ぶ．
しかし，[telic] な場合として，終結点が意図された場合を含むという分類には筆者は賛同できない．例えば，次例は for 2 hours が主語の意図した時間であるので [telic] であるという．
 (i) Sheila deliberately swam for 2 hours.
一方，次例では，主語の意図とは関係なく，庭で遊んだのが1時間であったということで，1時間が経過した時点で遊ぶという行為はが終了したことなるので [bounded] という．
 (ii) Judith played in the garden for an hour.

このように until 節が境界点を表すことは，次のように almost や nearly と共起した文が until 節に可能であることで確かめられる．

終結点が意図されたか意図されなかったかということは telicity には直接関係しないので，我々の考えでは (i), (ii) の文はいずれも activity を表し終結点は内在的に組み込まれていないので [atelic] であり，さらに，両文とも時間副詞句によって時間限定され，かつ過去形となっているので [bounded] である，という整合性を重視した立場をとる．

3. 状態動詞が until 節に用いられることもあるが，この場合，状態動詞は起動相的意味に再解釈される．すなわち，state から achievement へのアスペクト転換が起こる．

(i) a. Learn from this experience and use a reliable form of contraception *until* you *want* a baby. (BNC)
(この経験から学び，そして赤ちゃんが欲しくなるまでは信頼できる避妊法を利用しなさい．)
b. Continue rubbing *until* the surface *feels* dry and then polish vigorously with a clean soft duster. (BNC)
(表面の手触りが乾いた感じになるまでこすり続け，それからきれいな柔らかい布切れで丹念に磨きなさい．)

例えば (ia) では，'not wanting a baby' から 'wanting a baby' への心的変化が前提となるが，その変化は言語化されていない．この言語化されていない「変化」の意味をこれらの状態動詞に取り込むためには，これらの状態動詞を起動相的意味に再解釈し直すという操作が必要となる．

なお，次のように状態動詞の be 動詞もよく用いられる．この be 動詞も become, get のような起動相的意味であると一般に考えられている (cf. Kittredge (1969), 出水 (2001))．しかし，until 節の第三のタイプの進行形が，結果状態までの時間領域を境界化の基準としているのと同じように，until 節の be 動詞も (変化後の) 結果状態を表していると考えることもできよう．

(ii) a. She cheered *until* she *was* hoarse. (S. Sheldon, *Rage of Angels*)
(彼女は声が枯れるまで応援した．)
b. And this war will not stop *until* Hitler *is* dead. (BNC)
(そしてこの戦争はヒトラーが死ぬまでは終わらないだろう．)
c. He waited *until* she *was* out of earshot. (BNC)
(彼は彼女の足音が遠のくまで (その場を動かず) 待っていた．)
d. But she would have to wait *until* the dog *was* fast asleep before going into the garden. (BNC)
(しかし，いつも彼女は犬がぐっすり寝るまで待ってから庭に入らなければならなかった．)

さらに，until 自体が「結果」の意味を表す場合にも，次のように状態動詞が現れる．この場合も状態動詞は起動相的意味に解釈され，アスペクトは [telic] に変換される．

(iii) a. He looked surprised, studying her face intently *until* she *felt* embarrassed. (BNC)

(12) She didn't fall asleep *until it was nearly light*, and then she overslept.　(R. Jaffe, *Five Women*)
（彼女は外が白み始めてやっと眠りについたので，寝過ごしてしまった．）

(13) Serfaty suffered terrible injuries: they broke his body *until he almost died*, but they could not break his spirit.　(BNC)
（サーファティはひどい傷を負っていた．連中は彼が危うく死にかけるまで彼の身体を痛めつけたが，彼の精神まで打ち砕くことはできなかった．）

以下，次のように進行形が until 節に用いられている場合を検討してみよう．例文 (2a, b), (4), (5), (6) を再録する．

(14) a. John kept playing poker *until he was winning*.
（ジョンは勝ち始めるまでポーカーを続けた．）
b. John didn't come *until the party was breaking up*.
（ジョンはパーティが終わりかけの頃になるまで現れなかった．）

(Kittredge (1969))

(15) But those were the first and last meteorites found *until the six*

（彼は驚いた表情で彼女の顔をしげしげと眺めたので，彼女は恥ずかしくなった．）
b. The injured limb swells up *until* it *looks* like the leg of an elephant.
(BNC)
（怪我をしたほうの脚は腫れ上がり，ゾウの足のように大きくなっている．）
c. The belt rose and fell, rose and fell *until* it *seemed* as if I had lived forever in this curious world of pain.
(H. Robbins, *A Stone for Danny Fisher*)
（ベルトは何度となく振り上げられては振り下ろされたので，私はこの奇怪な苦痛の世界に永遠に住んできたかのように思われた．）

week season was ending and the party was preparing to leave Antarctica.　(BNC)［訳文は (4) を参照］

(16)　Helen Cooper waited *until they were having their coffee.*
(S. Sheldon, *Rage of Angels*)［訳文は (5) を参照］

(17)　Mrs. Robinson reached up to put one of her hands on his sleeve. Then she stood slowly *until she was facing him.*
(C. Webb, *The Graduate*)［訳文は (6) を参照］

　便宜上，これらの例の until 節に生じている進行形を三つのタイプに分けて検討してみよう．まず (14a, b)，(15) のタイプであるが，この進行形では瞬間動詞が使われているので近接未来を表している．この場合，endpoint に近接する時点が表されてるが，終結点は表していないので，文法的アスペクトとしては [imperfective]，すなわち，本章での [unbounded] に相当するので，until の [bounded] という機能と一見矛盾しているように思われる．しかし，注意すべき点は，ここでは until が進行形の表す一局面を境界点化しているということである．この境界点化というのは局面化，あるいは段階化と言い換えてもよい．(14a, b) や (15) の例では，endpoint に近接している時間域の段階や局面が境界点化され，言わば「点」的に捉えられているのである．(14a) ではポーカーで勝ちかけている段階が，(14b) ではパーティが終わりかけている段階がこれらの進行形によって表されている．勝利を収めること，パーティがお開きになることが endpoint であるわけだが，ここの進行形はその endpoint に近接した時間域を指している．このように endpoint そのものではないが，そこに近い段階が言わば「境界点」を拡張した「局面」「段階」として認識されているわけである．すなわち，近接未来の進行形の表す段階を内部からではなく外部からマクロ的に「点」として捉えた形になっていると言える．

　このような考え方を進めていくと，冒頭で挙げた (1b) の例文の場合も瞬間動詞の stop が使われているので，「音楽が終わりかけている時点までアレックスは踊り続けた」という解釈が可能となるような文脈では容認可

能な文となろう．

次にいくつかこのタイプの進行形が用いられている例を挙げてみる．

(18) She had the dreadful thought that once her hands plunged into the foul greasiness, she would feel reaching, grasping hands under the surface, clutching at her, pulling her down *until she was drowning.* （BNC）
（いったん自分が手をその汚い油まみれの水の中に入れたら，水面の下からぬっと伸びてきてつかもうとする二つの手が自分の手をぐいっとつかんで，水中に引きずり下ろし，溺れかけることになるだろう，というような恐ろしい考えが彼女の頭をよぎった．）

(19) We saw each other a lot, and we were very close, but we didn't live together actually *until he was dying.* I took three months off work and took care of him.
(D. Steel, *The Ranch*)（衣笠 (2001)）
（私たちは頻繁に会っていて，とても仲が良かったが，彼が危篤状態になるまでは一緒に住まなかった．私は3か月の休暇を取り彼を看病した．）

(20) After that I forgot about seeing Tavett and didn't remember *until I was leaving the building.* （BNC）
（そのあとタベットに会うことになっていることをすっかり忘れていて，そのビルを出ようとする頃になってやっと思い出した．）

(21) Belle devised the trick of waiting by a food stall at a halt *until the train was just pulling out again.* （BNC）
（ベレは，電車が再び駅を出発する寸前まで，停車駅の食料品の売店で待つという妙案を画策していた．）

なお，次の approach のような場合も同様の説明が可能である．approach

は go near の意味であるから，過程動詞であるが，進行形になると到達点に近づいていることを表す．この例では「ハンナが 50 歳近くになろうとしている頃まで」という意味を表している．

(22) *Until she was approaching her half century* Hannah was probably the least traveled person anywhere in the northern countries.　(BNC)
（ハンナは 50 歳近くまで，北部の国々の中で，恐らく最も旅行経験の少ない人だったと言えるだろう．）

以上は until 節に瞬間動詞の進行形が用いられ，その進行形が「点」的に認識された場合であったが，次に瞬間動詞以外の動詞が用いられる事例を検討してみよう．

(23) She cooked dinner for Ken. He waited *until they were having dessert* before he brought up the subject. "I don't want to pry," he said, "but shouldn't whoever the proud papa is be doing something—?"　(S. Sheldon, *Rage of Angels*)
（彼女はケンに夕食を作ってくれた．彼はデザートが出されそれを食べ始めるまではその話題を持ち出さなかった．「干渉するつもりはないのだけど，その誇らしいパパが誰であれ，生まれてくる子のために何かすべきじゃないかい？」と彼は切り出した．）

彼女（ジェニファー）はある男の子供を身ごもっている．同僚のケンは彼女のことを気遣い，相手の男は彼女に何らかの（経済的）援助をすべきではないかと助言しようと思っている．彼女の手料理を食べながらケンはその話題を切り出すチャンスを伺っている．そしてデザートが出される．ケンはデザートを食べながら思い切ってその話題を持ち出すという場面である．ここではケンがその話題を持ち出したのはデザートを食べている最中であり，その前でもその後でもないことに注意すべきである．この点で，

上で扱った瞬間動詞の場合とは異なる．活動動詞 (have) の進行形になっているので進行中のプロセスを表している．ここで注目したいのは dessert である．スープ，サラダ，メインディシュ，デザート，コーヒーのように順番に出される dinner であるので，dessert はその dinner の一段階（あるいは最終段階）である．dessert が until の「境界点化」に寄与していることに注意されたい．そしてここでは二人はまさにデザートを食べているのである．デザートを食べ始める段階，食べている段階，食べ終わった段階と三つの段階に分けてみると，この例では，第二段階のまさに食べている段階がクローズアップされていると考えられる．つまり，食べている段階が時間的にひとまとまりとして捉えられている．ひとまとまりにくくられた段階全体がさらに時間上のひとつの「局面」として捉え直されている．ここではデザートを食べているプロセスが境界点化されていると考えられる．

次の例では rain の進行形が使われている．

(24) "You used a sawed-off shotgun under a raincoat?" "That's right. I waited *until it was raining*, and then hit a bank."

(S. Sheldon, *Rage of Angels*)

(「君はレインコートの下に隠し持っていた銃身の短い散弾銃を使ったのだな？」「そのとおりです．雨の日になるまで待って銀行を襲ったのです」)

銀行強盗をするのに銃身の短い散弾銃を使う計画を立てていた私は，その散弾銃をレインコートの中に隠す必要があった．レインコートを着るためには雨の日でなくては不自然である．私は雨の日になるまで犯行の機会を待って，そして雨の日が来る．雨の中レインコートに散弾銃を忍ばせて犯行を実施する．ここでも雨が降っている段階が決定的に重要である．雨が降っているそのプロセスが時間的にひとまとまりの段階として捉えられているわけである．

この 2 例のように活動動詞の進行形の場合には，その活動が開始された後の動作の継続状態が表されていると考えられる．その動作の継続状態に

「変化」する述語（仮に（CAUSE）BECOME で表すと）は言語化（encoding）されていないわけである．つまり，「変化」の段階を飛び越えて変化後の継続状態だけが言語化されているわけである．このような現象が可能になるのは until が本来的に明確な「境界点」を指定するという機能を備えているからである．

次のように until 節に活動動詞の進行形が使われている例はかなり多い．いずれの場合も変化後の進行中の行為や出来事を境界点化，段階化した捉え方になっている．次例を参照されたい．

(25) She hadn't realized *until she was bumping along the road away from the dock* that she'd been shaking like an aspen leaf. (BNC)
（波止場からの道すがら車をがたがた音をたてながら走らせている時はじめて，彼女は自分の身体がアスピンの葉のようにぶるぶる震えていることに気がついた．）

(26) It was not *until he was climbing the stairs* in front of her that Tug realized suddenly, cold and hard, why her eyes had flickered before she answered. (BNC)
（彼女の前の階段を数段上りながら，はじめてタッグは，なぜ彼女の視線が返事をする前にちらちらと揺れていたのか，その理由が突然わかった．）

(27) That night, the penguin *waited until the seal was sleeping*, singing gently through her beautiful whiskers. (BNC)
（その日の夜，ペンギンはアザラシが美しいヒゲを寝息でそっとゆらしながら眠りにつくまでずっと待った．）

(28) It wasn't *until she was stumbling from the room* that she saw her mother. (BNC)
（彼女が部屋からつまずきながら出てこようとしていた矢先にばったり母親に出くわした．）

第 6 章　until 節の進行形について　　　　　　　　　　111

(29) Then I went to work in a five and ten, and gradually worked my way up *until I was managing a general store.*　(BNC)
(それから私は朝 5 時から夜 10 時までの仕事に就き，毎日こつこつと働いたので，最終的には雑貨店の店長を任されるようになった．)

(30) Water regularly at first, *until they are growing and spreading happily.*　(BNC)
(その花がある程度成長してあたり一面ににこやかに咲き広がるようになるまで，最初は決まった時間に水をやるようにしなさい．)

(31) I was at that conference, and I have to say that I have forgotten the resolution *until I was reading things again* in preparing for this talk.　(BNC)
(私はあの会議には出席していたのですが，正直なところ，そこでの決議内容は，この講演会の準備中に資料を読み直す作業をするまですっかり忘れていました．)

　以上，until 節の進行形は，継続中の行為や出来事を境界点化することを検証してきたわけだが，これは until がコンテクストによっては「結果読み」になることとも関連する．例えば次例の (32) では，トビーは歌のレッスンを毎日続け，果てには寝ながらにして歌を歌うまでになったということで，この until 節は主節に対して「結果」の内容を表している．そしてこの場合の進行形も変化後の行為の継続状態を表す．[4]

4.　until が「結果」の意味で用いられる場合，次のように until 節に否定文が来ることがある．
　　(i)　a.　I watched the pain grow and grow in their eyes *until I couldn't stand it any longer.*　(H. Robbins, *A Stone for Danny Fisher*)
　　　　　(僕は彼らの目の中の苦痛が次第に大きくなっていくのを見ていたので，もう見るのが耐えられなくなった．)
　　　　b.　If you glide back any longer, the choice of landing area becomes very limited *until finally there is no choice.*　(BNC)

(32) Toby rehearsed until every muscle in his body ached, but he burned off five pounds and became trim and hard. He took a singing lesson every day and vocalized *until he was singing in his sleep.* (S. Sheldon, *A Stranger in the Mirror*)
(トビーは体中の筋肉が痛むまでリハーサルを続けたが,体重を 5 ポンド減らし,引き締まった身体になった.彼はまた歌のレッスンにも通い,練習を続け,果てには寝ながらにして歌を歌うようになった.)

次に第三のタイプの進行形について考えてみよう.このタイプの進行形の特徴は用いられる動詞がいずれの場合も状態的意味を持つということである.次例を参照されたい.用いられる動詞は lie, rest, sit, stand, hang, face, confront, cover, touch などが代表的である.

(33) He leaned forward *until his head was lying against her shoulder.* (BNC)
(彼は頭が彼女の肩にもたれるまで彼女の身体に寄り添った.)

(34) Benjamin was sitting at the corner table looking out the window at the grounds of the hotel and didn't see her *until she was standing directly across the table from him.*
(C. Webb, *The Graduate*)
(ベンジャミンは隅のほうのテーブルに座って窓の外のホテルの中庭を眺めていたので,彼女がテーブルの真向かいの席に立つまで彼女に気がつかなった.)

(35) He rolled them slowly sideways *until his body was covering hers.* (BNC)
(彼はその男女二人を,男の体が女の体に重なり合うまでゆっ

(グライダーをこれ以上低空で飛ばしたら,着陸地の選択の幅が非常に限定されてしまい,最終的には選択の余地が全くなくなってしまう.)

くりと横にころがした．)

(36) The performance cannot start *till everyone is sitting down.*
(EED)
(観客がみな席に座るまで演奏を始めることはできない．)

(37) I'm sure Lucy will agree to stay *until you're feeling stronger.*
(BNC)
(あなたが元気になるまでルーシーは付き添ってくれると確信します．)

(38) She stretched out on the narrow bench gazing at the ceiling and he pushed her legs backwards *until her knees were touching her shoulders.* (BNC)
(彼女は幅の狭いベンチの上で体を思いっきり伸ばし天井を眺めていた．すると彼は彼女の両脚を，膝が肩に接するまで後方に押した．)

(39) Bend from the waist *until the torso is horizontal, and the arms are hanging straight below.* (BNC)
(胴が水平になり，両腕がまっすぐ下に垂れるまで腰を曲げなさい．)

(40) Hunter too steps along the sofa *until he was confronting Gale Miller.* (I. Wallace, *The Celestial Bed*)
(ハンターはゲイル・ミラーと向き合うまでソファーに沿って2歩動いた．)

これらの例文で用いられている動詞は「位置」や「姿勢」を表す状態的意味の動詞である．この第三のタイプは，動作，行為，出来事の（変化［開始］後の）継続状態を表す第二のタイプとは異種のものである．しかし，第二のタイプと同じように，第三のタイプでも位置「変化」そのものを表す動詞は言語化されていない．第三のタイプの進行形は位置変化後の「結果状態（resultative state)」を表していると考えられる．したがって，until 節の

進行形は変化を飛び越えて変化後の「結果状態」が境界時点となっているということになる．

これらの「位置」「姿勢」を表す動詞が単純形で用いられることもあるが，その場合には位置や姿勢の変化 (BECOME) の時点が境界点になっていることになる．

> (41) Slowly and with dignity, Tsu Ma climbed the steps *until* he *stood* there at his dead father's side. (BNC)
> （ツ・マはゆっくりとそして堂々とした足取りで階段を上って行き，父の亡骸のそばに立った．）
>
> (42) As if moved by a key, her own head turned *until* she *confronted* him. (BNC)
> （まるで鍵で動かされているように，彼女の頭はぐるりと回り，彼と直面した．）
>
> (43) 'I'd never do anything to hurt you,' he added softly, slowly lowering his head *until* his mouth *touched* her. (BNC)
> （「あなたを傷つけるようなことは絶対にしませんから」と彼は優しく言い足してゆっくり頭を下げていくと，彼の唇が彼女の唇に触れた．）

3. おわりに

本章では until 節の進行形について考察した．最初に，until は主節の事態に時間的限定・境界を与える語彙文法的機能を持つことを確認した．

本章の中心テーマである until 節の進行形は，until が状況を境界化するという機能を有していることによって，進行形で表される事態が時間的に局面化や段階化されていることを検証した．この局面化，段階化されている状況は具体的には終結点に近接する時間帯である場合と，行為・出来事の開始後の進行中のプロセスの場合，そして変化後の結果状態の場合の三つのタイプに分類できることを明らかにした．

第 7 章

有界性と時間副詞句

1. はじめに

英語の動詞を語彙的なアスペクト特性によって分類したものとして代表的なものに Vendler (1967) がある．Vendler は分類の基準に [static], [durative], [telic] のパラメータを用いて動詞を state, activity, accomplishment, achievement の四つのタイプに分けている．次の表を参照されたい (cf. Smith (1997), Kreidler (1998))．

(1)	static	durative	telic
state	+	+	−
activity	−	+	−
accomplishment	−	+	+
achievement	−	−	+

telic というのはある出来事や行為が内在的に明確な終結点 (endpoint) を持つという特性である．この表で分かるように，[+telic] な動詞は accomplishment と achievement である．本章では accomplishment と achievement に共通する有界性 (telicity) を考察の対象とし，1 節では有界性を判定する時間副詞 in 句・for 句テストと take 構文テストの有効性を概観し，

2節では有界性を持つ文と共起する時間副詞 for 句の解釈について考察する．

　Vendler の4分類は動詞を対象にしたものであるが，アスペクトを論じるときは文全体を対象とする必要がある．ある文のアスペクトは，動詞と関係づけられる目的語や主語，前置詞句，副詞句などによって総合的に決定されるからである．本章では Vendler の上記の四つの概念を動詞句，および文全体に適用させて論を進めることにする．

2. 有界性の判定テスト

2.1. for 句

　for 句は継続時間を表すので [＋durative] であり，[＋durative] の特性を持つ state, activity とは共起するが，同じ [＋durative] の特性を持つ accomplishment とは共起しない．accomplishment は [＋durative] のほかに [＋telic] という特性を持つからである．achievement は [－durative] であり，かつ [＋telic] であるので for 句とは共起しない (cf. Smith (1997: 41))．

　　　(2)　a.　Mary was sick *for a week*.　　　　　　　(state)
　　　　　b.　Mary walked in the park *for an hour*.　　(activity)
　　　　　c.　*Mary built the sandcastle *for an hour*.　(accomplishment)
　　　　　d.　*The bomb exploded *for an hour*.　　　　(achievement)

とすると，for 句は [＋durative] と [－telic] という特性を同時に満たさなければならないということになる．別の観点から言うと，[＋durative] でかつ [＋telic] な文とは for 句は共起しないということである．[＋durative] でかつ [＋telic] な文というのは accomplishment ということになる．以下，accomplishment を表す文と for 句との共起関係を見てみよう．

2.2. accomplishment と for 句

accomplishment とは，過程 (process) と終結点 (endpoint) を持つ動詞，動詞句，文のことである．過程には活動・行為 (activity) も含まれる．

(3) accomplishment —— [process] + [endpoint]

ある文が accomplishment を表す場合，主に次の三つのタイプが認められる (cf. Tenny (1994, 1995), Smith (1997))．

(4) a. incremental theme (漸増主題 (目的語))
  b. 状態変化 (change of state)
  c. 位置変化の移動動詞 (motion verb)

accomplishment は定義上，必ず終結点 (endpoint) を持つので，for 句とは共起できない．

(5) a. *John built the house *for five days*.
  b. *I melted the butter *for five minutes*.
  c. *Jacob walked to the bridge *for five minutes*.
                                                     (Tenny (1995))
(6) a. *Grant wrote a poem *for three weeks*.
  b. *Frances read a story *for thirty minutes*.
  c. *Gordon rowed two miles *for an hour*.   (Baker (1989))

(4a) の incremental theme というのは結果目的語や消費目的語のことだが，このタイプの accomplishment と for 句の共起については容認度に個人差が見られる．for 句なしの文では accomplishment を表すのに，for 句を付加すると，アスペクト転換が起こり，activity の解釈が強制 (coerce) されるからである (cf. Smith (1997), Jackendoff (1996))．

(7) a. Jerry wrote a report *for two hours*.
  b. Jerry did 2 hours of report-writing.   (Smith (1991))

for 句は [−telic] な文とのみ共起するが，for 句は [telic] を [atelic] にアスペクト転換させる働きがあるので，in 句テストや take 構文テストと併用することが必要となる．

2.3. in 句

　in 句は時間枠を限定する副詞句であるので，[+telic] という特性を持つ．したがって，[−telic] な state と activity とは共起しない．一方，[+telic] な accomplishment と achievement とは共起するが，accomplishment と共起する in 句は「所要時間」の意味を表すのに対して，achievement と共起する in 句は「時間経過 (after the interval of (less than) ...)」の意味を表すので注意が必要である．次は achievement と共起しているので，in half an hour は「30 分後に」の意味である．

　　(8)　a.　She won the race *in half an hour.*
　　　　b.　The bomb exploded *in half an hour.*
　　　　c.　He reached the top *in half an hour.*　　(Verkuyl (1993))

ちなみに，Verkuyl (1993) は両者の意味の違いを無視しているが，両者を混同すると，次のような「時間経過」の in 句が [−telic] な文と共起する場合にも [+telic] と誤って判定されてしまう．

　　(9)　He was dead *in a few seconds.*　(COBUILD)
　　　　(彼は数秒後に死んだ．)

以上から，「所要時間」の in 句は accomplishment とのみ共起するので，ある文が accomplishment かどうか，つまり [+telic] かどうかを判定するテストとして有効に働く．

　　(10)　a.　Frances read a story *in three hours.*　　(Baker (1989))
　　　　 b.　The lake froze *in an hour.*　　(Tenny (1994))
　　　　 c.　Mary walked to school *in an hour.*　　(Smith (1991))

2.4. take 構文

take は It took Tom an hour to do... のような構文で使われるとき，動詞句（文）のアスペクトは [+telic] でなければならないので，accomplishment と achievement だけが可能となる．

(11) a. ?It took me an hour to listen to music　　(Smith (1995))
b. ?It took them an hour to push the cart.　　(Ibid.)
(12) a. It takes about an hour to drive to Oxford from here.
(OWD)
b. It'll take time for her to recover from the illness.
(OALD[4])
(13) a. It took a week for the mail to arrive.
(Bolinger)（小西（編）(1980)）
b. It took John an hour to leave.　　(Smith (1995))
cf. Abel unpacked and called room service to order a light meal, which took over an hour to arrive.
(J. Archer, *Kane and Abel*)

上例 (13) のように，achievement も可能であるが，その場合，瞬時的行為や出来事自体に時間がかかることはないことから，その行為や出来事の結果事態に至るまでの前段階の行為に要する時間を表す．

(14) a. It took Barbara ten minutes to find her keys.
b. Barbara found her keys after looking for them for ten minutes.
(Freed (1979))

このように，意味の違いはあるにしても，take 構文は accomplishment だけでなく achievement にも等しく適用できるので，[+telic] かどうかを判定するテストとしては in 句テストよりもさらに有効であることになる．ちなみに，accomplishment だけでなく achievement にも take 構文が使え

るのは，この構文の to do が着点 (goal) を表しているからであると言えよう．

3. [+telic] な文と共起する時間副詞 for 句

achievement は [−durative] [+telic] であるが，for 句は [+durative] [−telic] であるので，achievement を表す文は for 句と共起できない．

 (15) ??John noticed the painting *for a few minutes.*
(Dowty (1979))

accomplishment は [+durative] [+telic] であるので，for 句とは共起しない．前置詞の to は到着点を，また toward は方向を表すので，to は [+telic]，一方 toward は [−telic] な前置詞ということになる．

 (16) a. *Brenda drove to San Francisco *for an hour.*
    b. Brenda drove toward San Francisco *for an hour.*
(Baker (1989))

前節で見たように，for 句は accomplishment を process (activity) にアスペクト転換する働きがあるので，次の例は「学校に向けて1時間歩いた」の意味では容認される．この場合，to school は着点ではなく方向 (toward) の意味に解釈される．

 (17) ?Mary walked to school *for an hour.* (Smith (1991))

また，反復の意味では，accomplishment も achievement も for 句と共起する．

 (18) a. People died *for two days.*
    b. *Four people died *for two days.* (Jackendoff (1997))

本節ではこれらの特殊な場合を除いて，議論を進める．ただし，反復の意

味については一部言及する．

さて，次の文の "I just came into town for a few days." は移動後の結果状態 (be in town) を修飾して，「2,3日前に街にやって来たばかりだ」という意味を表している．

> (19) "Do you have a reservation ?" she asked him. "No, ma'am. I just came into town *for a few days* and I thought I'd try here."
> (R. Jaffe, *Five Women*)
> (「予約をされておられますか？」女将は彼に尋ねた．「いいえ，していません．この町には数日前に来たばかりでして，ここに泊まろうかと思って伺いました」)

また，次例では「感謝祭の期間を当地（ニューヨーク）で過ごす予定だったが，予定は変更され，実際は予定より短い期間（3日間）しか滞在できなかった」ことが述べられている．ここでも，for three days は移動後の結果状態を修飾している．

> (20) As it turned out, it was Carl who came to New York for Thanksgiving, but only *for three days*. (Ibid.)
> (結局，感謝祭にニューヨークにやって来たのはカールのほうだったが，わずか3日しか滞在しなかった．)

このように，移動動詞が着点を従えて文全体が accomplishment や achievement を表す場合には，時間副詞は移動動詞を修飾しているのではなく，移動先（到着点）での結果状態を修飾していると解釈される．

> (21) a. John ran home *for an hour*. (Pustejovsky (1995))
> (ジョンは走って家に帰り，1時間家にいた．)
> b. Mary left town *for two weeks*. (Ibid.)
> (メアリーは2週間町を離れていた．)

次例では，for 句は [Mary's having the record], [John's having the book]

をそれぞれ修飾していると解釈される．

 (22) a. John gave Mary the record *for the afternoon.*

              (Pustejovsky (1991))

    （ジョンはそのレコードを午後の間メアリーに貸してあげた．）

  b. The company sent John the book *for ten days.* (Ibid.)

    （会社はジョンにその本を送り，ジョンはその本を10日間借りた．）

このように時間副詞が結果状態を修飾するとき，動詞は位置変化動詞や状態変化動詞に限られる (cf. Quirk et al. (1985: 554))．ちなみに，(語彙)概念構造を用いる意味理論では，この変化 (BECOME で表示) という概念に着目して，位置変化や状態変化を表す achievement と accomplishment の概念構造はともに BECOME [BE [AT-z]] を含むように意味表示される．そして，時間副詞 for 句は，変化後の結果状態 ([BE AT-z]) を修飾すると説明される．

 (23) a. achievement: BECOME [y BE [NOT-AT-z]] / [AT-z]]

  b. accomplishment: CAUSE [BECOME [y BE AT-z]]

   MOVE [VIA-z]] + [BECOME [y BE AT-z]]

           （影山 (1996), 影山・由本 (1997)）

以下，変化後の結果状態 ([BE AT-z]) を for 句が修飾している例を若干挙げる．状態変化や位置変化を表す動詞に注意されたい．

 (24) Jill wished that the pain would stop *for an hour, a minute, a second.* (S. Sheldon, *A Stranger in the Mirror*)

  （ジルはその痛みが1時間でも，1分，いや1秒でも止まってくれたらいいのにと願った．）

 (25) She opened her eyes *for a moment* and looked at me. Then,

evidently deciding I was trustworthy, she closed her eyes again. (H. Robbins, *Where Love Has Gone*)
(彼女は一瞬目を開けて私のほうを見た．それから，私が信頼できる人だとはっきり見定めると再び目を閉じた．)

(26) They finally fell asleep *for two hours* from sheer exhaustion.

(R. Jaffe, *Five Women*)

(彼らは完全に疲れきって2時間眠り込んだ．)

(27) "We've been in so many damn hotels these past few weeks, it slipped my mind *for a second*." (E. Segal, *Prizes*)

(「ここ数週間いろんなホテルに泊まったが，そのホテルの名前を一瞬忘れてしまった」)

(28) "He used to complain that I would leave the office *far too long*." (R. Jaffe, *The Cousins*)

(「彼（上司）は私が仕事場を長く離れすぎると不平をよくこぼしていました」)

4. for 句の曖昧性

前節の議論で明らかになったように，移動動詞が到着点を示す前置詞 to と用いられると文全体は accomplishment を表し，アスペクトは [＋telic] になる．次の文では go が用いられている．この go は出発点に重点がある移動動詞，あるいは過程動詞である．出発点に重点のある語でありながら，到着点を従えているので，出発点から到着点までの（経路上の）移動を表す．したがって，for two weeks は移動後の結果状態 (be in Paris) を修飾して，「パリに行って2週間滞在した」の意味に解釈される．あるいは，反復的移動を表すと考えれば「2週間（毎日）パリに行った」の意味になる．

(29) I went to Paris *for two weeks*.

一方，上例の for two weeks を，次例の for a holiday の for と同じよう

に,「(... の期間を) 過ごすために」という「目的」の意味に解釈することも可能である. CULD は for の 11 番目の意味に having a particular purpose という「目的」の語義を与えて次の例文を挙げている.

(30) He went to France *for a holiday.* (CULD)
(彼は休暇でフランスに行った.)

この場合, holiday, vacation, honeymoon, Christmas, Thanksgiving などの特定の日や期間を表す名詞とともに用いられる.

(31) a. Are you going home *for Christmas*? (OALD⁴)
(クリスマスには実家に帰省されますか?)
b. At the end of her first year at college when she came home *for summer vacation* she was fatter.
(R. Jaffe, *Five Women*)
(彼女は大学 1 年の終わり頃夏休みに家に戻ってきた時以前より太っていた.)

このように, (29) の例のような for two weeks は「... を過ごすために」という「目的」の意味に解釈することも, 位置変化後の「結果状態」を修飾すると解釈することも可能である. どちらの場合も for two weeks は「期間」を表す副詞句であるが, 前者の「目的」の意味で使われる for two weeks は主語によって意図・予定・計画された期間を表すと考えられる. ちなみに, OED は期間・範囲を表す for の意味を (i) actual duration と (ii) intended duration の二つに語義を分けている. actual duration というのは, 文の表す状況を時間的枠の中に位置づける期間副詞句としての用法で, 終結点を持たない継続的状況を表す文に用いられる一般的な用法である. (ii) の intended duration というのは, 文の主語によって意図・計画された期間を表す用法のことで, for life, for the present, for good, for ever (forever) などの成句がこれに相当する. 主語の意図に関わる期間副詞句であるので, 本章では主語指向期間副詞句としておく. もちろん, for

good, for life などは (i) の actual duration を表す用法もある．
　次例の for good は「死ぬまで一生の間を過ごすつもりで」の意で主語の意図・計画を表すので intended duration ということになる．特に，(32) では for a holiday と対比的に使われていることに注意されたい．

(32)　He's not going to France for a holiday—he's going *for good*.
(CULD (s.v. good))
（彼は休暇でフランスに行くのではなく永住するために行くのです．）

(33)　She says that she's leaving the country *for good*.　(OALD⁴)
（彼女はその国を離れて一生戻って来ないつもりだと言っている．）

　for 句が intended duration を表すと考えられる場合には，その期間があらかじめ主語によって意図・計画・予定されているということになる．したがって，次例のように，「トイレに行く」というような場合は，発話時点ではじめて生じた自然発生的な欲求に基づく行為であるので，この for 句は intended duration を表してはいない．この場合の for 句は移動後の結果状態を修飾していると考えるのが妥当ということになる．なお，この結果状態は目的地での用を足す行為 (be in the bathroom) というよりも，話し手の現在いる場所（起点）から離れている状態 (be not here) に重点がある．

(34)　"Look, I've got to go to the john *for a second*. Then I'll be right back."　(E. Segal, *Doctors*)
（「ねえ，僕ちょっとトイレに行って来るよ．すぐ戻って来るから」）

同様に，次でも for a while, for a few minutes は移動後の結果状態を修飾している．いずれも発話時点で発生した突発的な用件のためにやむなくこの場を離れなければならなくなったという状況での発話である．

(35) "Madam," Inspector Standish said, "I have to leave *for a short while*, but I'll be back." (A. Hailey, *Airport*)
(「奥さん，ちょっとの間この場を離れますが，すぐ戻ります」とスタンデッシュ検査官は言った．)

(36) "Make yourselves comfortable," Miss Spicer said tactfully. "I have to go to my office *for a few minutes*. I'll be right back."
(H. Robbins, *Where Love Has Gone*)
(「どうぞ楽になさってください」ミス・スパイサーは如才なく言った．「2,3分事務所に戻らなければならない用事ができました．すぐ戻ります」)

さらに，上例では for a second, for a while, for a few minutes といずれも短時間を表す時間表現が使われ，さらにまた，すぐあとで I'll be back. と続けているので，聞き手に対する話し手の配慮が示されている．日本語の「ちょっと（失礼します）」と同じような思いやりの気持ちが表されていると思われる．

主語指向時間副詞用法の for 句についての理解を深めるために，for 句が次のように現在完了形で用いられた come, go, leave, arrive と共起する場合について見てみよう．

Declerck (1991: 52) や Quirk et al. (1985: 212) は，次のような瞬間動詞とともに用いられる for 句は resultant state を修飾すると述べている．

(37) Mother has left *for two hours*.
(= Her absence will last two hours.) (Declerck (1991))
(38) They've gone to Spain *for two weeks*. (Quirk et al. (1985))

彼らの意味する resultant state とは「行為の実行によって生じる状態 (the state resulting from the performance of the action (Declerck))」ということで，換言すれば，現在完了形の結果状態を意味する．(37) では，母親が出かけてしまって今ここにいないという結果状態を，(38) では，彼らがスペ

第7章 有界性と時間副詞句

インに出発して今ここにいないという結果状態を, for two hours や for two weeks の時間副詞は修飾すると述べている.

しかし, 彼らの主張では, 次の come と arrive の文法性の違いが説明できない. Declerck (1991: 52) にはその説明が示されていないが, come とは異なり, arrive の場合は現在完了形の resultant state を for 句は修飾できない.

(39) a. *Jill has arrived *for three hours*.
b. Jill has come *for three hours*.
(= She will stay here for three hours.) (Declerck (1991))

そこで, 次のように, この for 句は「目的・意図」の期間を表すと考えれば arrive がなぜ不可になるのかが整合的に説明できる.「意図・目的」とは出発点における主語の意図を表すので, come では主語の意図を表すことができるが, 移動の最終時点(到着点)のみを表す瞬間動詞の arrive では主語の意図を問題にしにくい, というふうに説明できる. 次のような命令文にすると, 両者の文法性の違いがさらに明確になる.

(40) At least *come* for Christmas.　　　(Sinclair et al. (1991))
cf. *At least *arrive* for Christmas.

ここで注意しておきたいのは, come は瞬間動詞ではなく, 着点重視の移動動詞であるということである. come は到着点にいる話し手(聞き手)のいる方向への移動を表す動詞であるので, 移動を開始する時点(起点)における主語の意図を問題にすることができる. なお, go や leave は起点重視の移動動詞であるので, 主語の意図は出発時点ですでに存在している.

したがって, (37), (39b) の文の for two hours, for three hours も「意図・目的」の意味である.「2時間は帰ってこない」とか「3時間ここに滞在する」と判断するのは話し手であるが, そのような判断は主語の意図や計画を話し手があらかじめ知っていなければできない. したがって, どちらの文も主語の意図や計画であり, その計画や予定を本人から聞いて知って

いる話し手が第三者に伝えている文であると考えられる．各文は「母親は2時間ほど（用事で）出かけて来ると言って出かけました」，「彼らは2週間の予定でスペインに出発しました」，「ジルは3時間滞在するつもりでやって来たと言っていました」という「意図・目的」の意味である．

ちなみに，次の arrive と共起した for the day は到着後の結果状態（be at (the place)）を修飾すると解釈され，容認可能な文となる．

(41) John arrived *for the day*.　　　　　　　(Pustejovsky (1991))

以上の論点をさらに明確にするために，次例の意味解釈を考えて見よう．

(42) She was jailed *for ten years*.　(OWD)

これまでの議論から，この文は次の三つの解釈が可能となる．

(43) a. jail を反復の意味で解釈して「10年間にわたって投獄（と保釈）を繰り返した」という意味．
　　　b. 時間副詞が結果状態（be in jail）を修飾して，（刑期を終えたあとで）「10年間刑務所に入っていた」という意味．
　　　c. for ten years が intended duration を表し，「禁固10年の刑を言い渡され（投獄され）た」という意味．

(43b) の解釈では10年間が刑務所に入っている期間をさすわけだが，(43c) の「10年の刑を言い渡された」の解釈では，10年間は intended duration ということとなる．この場合，例えば恩赦によって，5年の服役後に釈放となったということも考えられるわけである．なお，intended duration の解釈では，次のように yesterday などの副詞とともに用いることも可能である．

(44) An art student who stabbed to death a teenager who had bullied her at school was jailed *for a year* at the Old Bailey

yesterday. (*The Daily Telegraph*)　　　　　　（金子 (1996)）
(学校で彼女をいじめていた10代の少年をナイフで刺し殺した芸術専攻の女子学生はオールド・ベイリー刑務所で禁固1年の刑を昨日言い渡された．)

　この intended duration というのは，文中には示されていないが，文脈から容易に察せられるように，裁判官によって裁定された期間である．
　なお，次のように文全体が未来の内容を表し，使役文になっている場合，for 句は intended duration を表すと解釈することができる．ただし，for 句が intended duration を表す場合には，その期間を統御できる権限を持つ裁判官 (45)，警察官 (46)，親 (47) などに限られる．ここでは目的語の人物の意志とは無関係に主語の意志で，言わば強制的に，ある行動に従わせることが表されていることに注意されたい．

(45) "The court finds the defendant guilty," he said, finally. "And I am putting her on probation *for five years.*"
　　　　　　　　　　　　　　　　　　　　(R. Jaffe, *Five Women*)
(「裁判所は被告人を有罪とします」と裁判長はついに言った．「それから，5年間の保護観察を課します」)

(46) "I can put you in prison *for the next twenty years.*"
　　　　　　　　　　　　　　　　　　　　(S. Sheldon, *Bloodline*)
(「これから20年間刑務所に入れておくことだってできるんだぜ」)

(47) We're sending her to London *for the summer.*
　　　　　　　　　　　　　　　　　　　　(Quirk et al. (1985))
(私たちは娘を夏の期間ロンドンの学校にやるつもりです．)

　以上の考察から，上記 (29) のような過去時制の文 (I went to Paris for two weeks.) では，for two weeks は主語指向副詞用法を表すと解釈することも，また位置変化後の結果状態を修飾すると解釈することもでき，ど

ちらの意味であるかは曖昧であるということになる．なお，「目的・意図」を表す for 句と「結果状態」を修飾する for 句を，この順で併記することも可能である．

(48) Mary went to Paris *for three days for three weeks.*

(Smith (1997))

（メアリーは 3 日間の予定でパリに行ったが，（予定を変更して）実際は 3 週間パリに滞在した．）

(49) The next morning he took her to Bora-Bora *for their honeymoon, for a week,* where they lived in a grass hut on the beach with room service.　(R. Jaffe, *Five Women*)

（翌日の朝，彼は彼女をボラ・ボラ島にハネムーンに連れて行き，海辺の草造りの小屋にルームサービス付きで 1 週間滞在した．）

5.　おわりに

　本章では，終結点 (endpoint) を持つ [＋telic] な文が継続時間副詞の for 句と共起する場合の for 句の解釈を主に論じた．for 句が変化後の結果状態を修飾すると解釈される場合のほかに，「目的・意図」を表すと解釈される場合があることを指摘した．なお，後者の for 句は一種の換喩表現であると考えることもできる．go to Paris for two weeks は go to Paris for two-week holidays [vacation] と関係づけられよう．また，go to Paris (to do something) for two weeks / go to Paris for two weeks (to do something) のように (to do something) が省略されていると考えることもできる．そうすると，for 句の「目的」か「結果」かの曖昧性は，to 不定詞の「目的」と「結果」の曖昧性とパラレルな関係が成立するように思われる．

　次例では for 句も to 不定詞も両者の意味で曖昧である．

(50) "The passengers got off the bus *for a few minutes to look at the crash* and then continued on."

(S. Sheldon, *The Doomsday Conspiracy*)

(「乗客は数分間バスを降りてその衝突の現場を見て，それから先へ旅を続けました」)

第 8 章

仮定法表現の語法

1. はじめに

本章では，仮定法表現の意味と用法に関して，主に次の2点を考察の対象とする．

　　(A)　仮定法と非事実性 (counterfactuality)・実現可能性 (probability) との関係．
　　(B)　仮定法構文の前提節と帰結節との照応関係．
　　　(i)　2種類の混合型仮定法．
　　(ii)　仮定法過去による仮定法過去完了の代用．

一般に仮定法が非事実性を表すかどうかという問題および実現可能性に関する問題，すなわち，上記 (A) の問題を議論する場合には，前提節の叙述内容のみがその対象となるが，(B) の前提節と帰結節の照応関係については，前提節，帰結節の叙述内容が過去・非過去（現在・未来）のどの客観的時間に対応しているかという点を考慮してはじめて議論できる問題であるので，前提節と同様，帰結節の内容も対象とする．また，本章で仮定法というとき仮定法過去と仮定法過去完了の二つの形式のみをその対象とし，以下議論を進めていくことにする．

2. 仮定法の分類

仮定法がその本来的機能として非事実性を表すかどうかについて議論する前に,まず一般的に行われている仮定法の分類から見ていくことにしよう.

次の (1) のような,叙述内容の成立可能性に対して,話者の判断が中立的であることが示される現実的条件文[1] に対して,仮定的条件を表す (2) の文はいずれも仮定法に分類されているものである.

(1) If you *touch* me, I'll scream.　　　　(Leech (1987))
（私の体に触ったら大声を出すわよ.）

(2) a. If we *caught* the 10 o'clock train, we *would get* there by lunch-time.　　　　(Graver (1986))
（10 時の電車に乗れば昼食時までにはそこに着けるでしょう.）

b. If I *came* into a fortune, I *would give* up working.
　　　　(Ibid.)
（もしひと財産手に入れたら,仕事は辞めるでしょう.）

c. If I *were* the President, I *would make* some changes.
　　　(Celce-Murcia and Larsen-Freeman (1983))
（私が大統領だったらいくつか改革をするのだが.）

d. If Napoleon *had been* alive in 1940, he *would have been fighting* the Germans.　　　　(Ibid.)
（ナポレオンが 1940 年に生きていたらドイツ人と戦っていただろう.）

(2a) は tentative (「試案的」) 用法, (2b) は hypothetical (「仮想的」) 用法,

---

1. 「現実的条件」というのは real condition のことで,一般に「解放条件 (open condition)」と呼ばれているものに相当し,通例,節内には直説法 (indicative mood) が用いられる (Leech (1987: 116)).

(2c, d) は counterfactual (「非事実的」) 用法とそれぞれ呼ぶことができよう．tentative というのは話者が忠告・提案・依頼などを行うときにぶしつけになるのを避けて控え目に，そして間接的に述べる用法で，いわゆる「丁寧用法」の一種である．[2] したがって，その提示の仕方がより控え目で間接的であることを除けば，その知的意味は直説法を用いた文と同じであり，話者は叙述内容の実現を期待していることになり，この点で (2b, c, d) とは基本的に異なる用法と考えられる．次例はいずれもこの tentative な用法である．

(3) a. If you *invested* your money in this way, (I think) you *would make* a good profit.　　　　　(Spankie (1981))
(このようなやり方でお金を投資すれば，相当な儲けを手にするでしょう．)

b. "If it *would* be more comfortable for you," Melissa said, "we *could arrange* to visit him at different times."
(R. Jaffe, *After the Reunion*)
(「あなたにとってそのほうが都合がよいなら，彼を訪問する日を別々の日にするように調整できるのよ」とメリッサは言った．)

c. A: Will you buy me a beer?
B: If you *gave* me a kiss, I'*d buy* you a beer.
(Comrie (1986))
(A: ビールをおごってくれない？　B: キスしてくれたらおごってやってもいいわよ．)

(2b) の hypothetical (「仮想的」) な用法というのは，現在および未来についての叙述内容の実現可能性が疑わしいと話者が判断していることを示す用法である．「ありそうにないが不可能ではない (unlikely but not

---

2. Graver (1986: 93) を参照．

impossible)」ということであるから，実現可能性は完全には否定されていないということになる．[3] したがって，実現可能性の程度に多少の差違が認められるとしても，次のように were to, should を用いた場合も，この hypothetical な用法になる．[4]

(4) a. If she *tried* [*were to try*] harder next time, she *would pass* the examination.　　　　(Quirk et al. (1985))
b. If Joe *should* have the time, he *would go* to Mexico.
　　(Celce-Murcia and Larsen-Freeman (1983))

逆に言うと，were to, should は counterfactual (「非事実的」) な内容を表す次の文ではいずれも用いられないということになる．

(5) a. *If Napoleon *should* be alive today, he *would be fighting* the Soviets.　(Celce-Murcia and Larsen-Freeman (1983))
b. *If you *were to know* Spanish, you *might get* a better job.
　　(Leech (1987))
cf. Life *would be* easier for me if I *were to have* a car.
　　(Declerck (1991))

実現可能性が完全に否定されていないことは，次のような文の連結が何ら矛盾を含まず容認可能であるという事実によっても裏付けられよう (James (1986: 48))．

(6) If Sue *were* helping, they *would finish* on time. So, there is

---

3. Quirk et al. (1985: 1010) を参照．なお，Leech (1987: 123) では，本章の hypothetical の用法を，現在時に対応する場合には 'contrary to assumption'，未来時に対応する場合には 'contrary to expectation' として区別している．

4. 前提節に were to, should が用いられた場合には我が国の英文法書では「仮定法未来」に分類されているが，この「仮定法未来」という名称は意味上の名称であって，形態上からはあくまで「仮定法過去」に分類されるべきものである．したがって，本書では「仮定法未来」という範疇は認めない立場をとる．

hope that they will finish. Let's see if she is helping.

次例は，Amy が夫（Dave）の同級生で弁護士の Cole に，夫との離婚について相談している場面である．

(7) "I'm going to ask for your legal advice," she said solemnly. "This may shock you, but I'm wondering if I could divorce Dave and if I *did* what *could* I *get*?"

(H. Robbins, *Never Enough*)

(「弁護士としてのあなたの助言を聞きたいのだけど」彼女は真面目な口調で言った．「こんな相談をしてあなたにはショックかもしれないけど，私デイブと離婚できるかしらと考えているの，そしてもし離婚したら何を受け取れるかしら？」)

Amy は夫が浮気をしていることを突きとめ，夫との離婚を考えている．その上で Cole に相談しているので，夫と離婚をする可能性は残されている．

この実現可能性の可否ということについて，さらに次の例で考えてみよう．精神分析医のジャッド医師が一日の診察を終え帰宅の準備をしていると突然診療所内が停電になり，彼のいる診察室に近寄ってくる二人の怪しい足音が聞こえ，彼は恐怖感に襲われる．医師はとっさに機転をきかせて，患者とのやりとりを録音してあるテープを流し，診察中であると見せかけると，二人組は逃げ去り，あやうく難を逃れる．以下の文は，その後ジャッド医師が，侵入してきた二人組がただの泥棒なのか，あるいは先般来彼の命を狙っている暗殺者なのか推測を行っているところで描出話法になっている．

(8) He did not *know* [原文イタ] that they had guns. Would a paranoiac not assume they were there to kill him? It was more logical to believe that they were sneak thieves. When they had heard the voices in his inner office, they had fled. Surely, if they *were* assassins, they *would have opened* the un-

locked door and *killed* him. How could he find out the truth? (S. Sheldon, *The Naked Face*)
（彼（ジャッド）は彼らが拳銃を持っていたことを知っていたわけではない．自分を殺しに来たというのは偏執狂者の推測ではないだろうか．二人の男は泥棒だと考えるほうが合理的である．彼らは奥のほうで声がしたので逃げたのだ．もしも暗殺者だったら鍵のかかっていないドアを開けて彼を殺したに違いないのだ．どうすれば彼は真実を知ることができるだろうか？）

最後の How could he find out the truth? から分かるように，「暗殺者ではない」というのはあくまでジャッド医師の推測であって，その結論を裏付ける客観的証拠があるわけではない．すなわち，「暗殺者である」可能性は疑わしいが，かと言ってその可能性は依然として残っているのである．この可能性が残っているからこそ，その後も医師は払拭しきれない恐怖感に苛まれるというサスペンス効果がかもし出されるのである．

さて，少し話が脇道にそれるが，補文節に仮定法を従える wish の場合についてはどうであろうか．仮定法構文の前提節と違って，補文節内の動詞は (9a) のように「状態動詞」か，(9b) のように繰り返しを表す（習慣的内容の）「動作動詞」のみ可能で，(10) のような1回きりの行為や出来事を表す「動作動詞」の場合には用いられない．

(9) a. I wish I *knew* his address.

(Thomson and Martinet (1985))

b. I wish this bus *went* to the university.

(Quirk et al. (1985))

(10) a. *I wish you *passed* your exams.　　(Tregidgo (1984))

b. *I wish it *rained* tomorrow.　　(Palmer (1974))

すなわち，補文節が未来時に関する出来事を表す場合には非文法的な文に

なる.⁵ このように wish に続く仮定法はもっぱら counterfactual な用法が中心的であると言えよう.⁶ ただし, 補文節に volition [willingness] を表す非認識的用法の助動詞 would が用いられた場合には, (2a) で見たのと同じ tentative な用法も可能となる.⁷

(11) "Say," I said, "I wish you*'d* let me pick up the tab for the meal.
(C. Webb, *Love, Roger*)
(「あのう, 食事代は僕に払わせてもらえないでしょうか」と私は言った.)

また, 補文節の内容が現在に関して述べられた場合には, 次のように hypothetical な解釈も可能である (James (1986: 48)).

(12) I wish she *were* helping, but she probably isn't.

法副詞 probably に注意されたい.

さて, 最後に (2c, d) の counterfactual (「非事実的」) な用法の場合であるが, これは文字どおり通例現在および過去の事実に反する事態を仮定する用法である. 一般に仮定法構文は 'If X, then Y' において, その前提として '−X' を持つとされている. しかし, この前提節の内容が「偽 (false)」であることを前提とするという一般化は必ずしも妥当なものとは言えないことは, 先程上で見たとおりである. 例えば, 次例では, 通例前提節の内容が真であるという話者の判断が示されているにもかかわらず仮定法が用いられている.

(13) If Mary *were* allergic to penicillin, she *would have* exactly the symptoms she is showing. (Karttunen and Peters (1977))

---

5. wish の補文節についての分析については本書第 9 章を参照.
6. Tregidgo (1984) を参照.
7. tentative な用法の場合には, 次のように please と共起が可能 (Crowell (1964: 275)).

(i) I wish you *would please* tell me the answer.

この場合，帰結節の内容は真であり，前提節は帰結節が真となる場合に，その考えられうる原因の説明が表されている．すなわち「メアリーの症状の原因はペニシリンに対してアレルギー体質であることがその可能性として考えられる」という意味である．[8] さらに，もっぱら counterfactuality を表すと言われる仮定法過去完了も脈絡次第では hypotheticality を表す解釈も可能となる．

次は，ある女性が浴槽の中で殺された事件を調査している刑事が，殺害された時，彼女の悲鳴を聞いた者が誰もいないのはなぜか，その考えられる原因の可能性を推測している場面である．

(14) If her husband *had come* into the bathroom, she *would not have been* alarmed.　　　　　　　(Tregidgo (1980))

この場合，刑事は 'Perhaps it was her husband who came into the bathroom.' と推測し，彼女の夫の犯行説を唱えているのである．

以上のことから，仮定法構文自体に前提節の非事実性が本来的に前提として備わっていると考えるのは妥当性を欠くことになる．話者が前提節の内容が偽であることを知っている場合はともかく，その内容が真であるか偽であるか知らない場合や，やや積極的に内容の成立可能性を認めている場合等にも等しく仮定法構文は用いられるのである．[9] そうすると，むしろ counterfactual な用法は特殊な有標の場合であって，hypothetical な用法が本来的な仮定法の機能であると考えられる．非事実性を表すかどうかは言語外の要因（例えば世間知など）によって二次的に決定されるたぐいのものであって，仮定法構文自体にその拠りどころを求めるべきではない．仮

---

8. なお，その症状の考えられうる原因が複数ある場合には，次のように前提節で示された可能性を否定することも可能 (Karttunen and Peters (1977))．
    (i) If Mary *were* allergic to penicillin, she *would have* exactly the symptoms she is showing. But we know she is not allergic to penicillin.
9. Davies (1979: 157-161), Comrie (1986), Karttunen and Peters (1977) を参照．なお，Karttunen and Peters (1977) では，仮定法構文が counterfactuality を表すのは conversational implicature によるとしている．

定法過去完了がたいていの場合非事実性を表すことが多いのは，たまたま過去における出来事には明確な知識を持つことが難しくないからであると考えられる (cf. Leech (1987: 122)).

3. 前提節と帰結節の照応関係

本節ではまず仮定法構文の前提節と帰結節の照応関係について，特に，前提節に仮定法過去が，帰結節に仮定法過去完了相当形が用いられた混合型仮定法について考察したあと，主にアメリカ英語に多く見られる代用の傾向について論じてみたい．

3.1. 混合型仮定法

次のような前提節に仮定法過去完了が，帰結節に仮定法過去相当形が用いられた混合型仮定法はよく知られている．

> (15) a. If I *had worked* harder at school I *would be sitting* in a comfortable office now; I *wouldn't be sweeping* the streets.
> (Thomsom and Martinet (1985))
> (学生時代にもっと勉強していたら，僕は今ごろ快適なオフィスに座っていて，道路の清掃なんかやっていないだろうに．)
>
> b. If John *had left* Hong Kong on the earlier ship, he *would be arriving* tomorrow. (Spankie (1981))
> (もしジョンが早目の船で香港を出航していたら，明日には着くのだがなあ．)

前提節の対応する時間は過去で，帰結節の時間が現在，未来であるので，このような形式が用いられるのは当然である．対応する客観的時間との関係で注意すべき点は，特に仮定法過去完了が，現在および未来の内容について，その内容の実現可能性が完全になくなったこと，すなわち非現実性

(impossibility) を二重に強調する主観的機能のために用いられることがあるという事実である.

- (16) a. If I *had had* money (at the present moment), I *would have paid* you.　　　　　　　　(Jespersen (1924))
    ((現在) お金があったら, 支払いができるんだけど.)
  b. If you *had been coming* tomorrow, you *could have given* Marian a gift.　　　　　　　(Chalker (1984))
    (明日来るんだったら, マリアンにプレゼントを渡せたのに.)

(16a) では「いま一文無し」であることが, (16b) では「(予定が変更になって) 明日来ることができなくなった」ことがそれぞれ動かしがたい事実であることが強調されている.[10]

さて, 混合型仮定法にはさらに次のように, 前提節の内容が現在について, 帰結節の内容が過去について述べられた場合も当然可能である.

- (17) "If there *were* a clerk on this floor I'm sure we *would have seen* him by now." (C. Webb, *Love, Roger*)
    (「もしこの階に店員がいるなら, とっくに姿を見ているはずだ」)
- (18) "Are you happy?" "If I *were*, do you think I *would have turned* myself into a blimp?" she said lightly.

---

10. この非現実性の強調された形式は帰結節にも多く見られる.
    - (i) a. "It *would have been* his birthday today," Daphne said.
            　　　　　　　　　　　　　　(R. Jaffe, *After the Reunion*)
            (「あの子が生きていれば今日は誕生日だったのにねえ」とダフネは (残念そうに) 言った.)
      b. Maybe if the old bitch had kept her mouth shut, her daughter *would have been* alive today. (H. Robbins, *The Carpetbaggers*)
            (「あのいけすな女が口をつぐんでいたなら, 彼女の娘は今日も生きているのだけど」)

(R. Jaffe, *After the Reunion*)

(「あなた幸せ？」「幸せだったら，こんなでぶなんかになっていると思う？」彼女はさりげなくそう答えた．)

(19) "I *wouldn't have discussed* it with you unless I *had* Nora's full consent." (H. Robbins, *Where Love Has Gone*)

(「ノラの全面的な同意をもらっていなければ，あなたにこんなこと相談を持ちかけたりはしなかったわ」)

(20) "Maybe you ought to sell the car. I don't see why you need a car in the city at all. Especially an expensive car like that." "But I like it. I *wouldn't have bought* it if I *didn't*."

(H. Robbins, *The Lonely Lady*)

(「あの車売ったほうがいいんじゃないの．都会で車が必要な理由は全然分からないわ．特に，あんな高級車なんか」「だって私車が好きなんですもの．好きじゃなかったら，買わなかったわよ」)

(21) "Are you married, Mr. Mousson?" "Not now. But I've been married three times so I *am* [原文イタ] something of an expert on women." "On the contrary, Mr. Mousson. I suggest that if you *were* really an expert on women, you *would have been* able to handle *one* [原文イタ] marriage. No further questions." (S. Sheldon, *The Other Side of Midnight*)

(「ムッソンさん，あなたは結婚していますか？」「いいえ，独りです，今は．しかし前に3回結婚していますから，女性のことはよく知っていますよ」「その逆じゃないでしょうか，ムッソンさん．若い女性の心理に詳しいなら，1回の結婚で上手くいったはずですよ．私の質問はそれだけです」)

(22) "I *might have had* a scholarship if you *were* ten inches taller." "What do you mean?" "Well, if you *were* ten inches taller, I *might have been* ten inches taller and I *might have gotten* a

basketball scholarship." (A. Corman, *The Old Neighborhood*)
(「もしお母さんの身長が10インチ高かったら，僕は奨学金をもらえたのに」「どういうこと？」「つまり，お母さんが10インチ今より背が高かったら僕も10インチ背が高くなっていただろうし，そうしたらバスケットボールの奨学金をもらえたかも知れないということだよ」)

(23) "Please forgive me for the way I have been treating you these past few days. If Richard *were* still alive, he *would have never forgiven* me." (J. Archer, *Kane and Abel*)
(「この数日あなたをあんなふうにひどく扱ったりしてごめんなさいね．もしリチャードが生きていたら，こんな私を許さなかったでしょう」)

いずれも文脈から明らかなように前提節は発話時（現在）において成立不可能である事態が仮定されていることから「発話時対応」をしていると言えよう．一方，帰結節では過去における事態の不成立が表され「出来事時対応」をしていると言えよう．「発話時対応」の場合には，対応する客観的時間は発話時（現在）だけではなく，帰結時の「出来事時」をも包括した時間帯（過去から現在）にまで及ぶことから「全包括的時間対応」と考えることもできよう．このタイプの混合型仮定法は，後述する過去形が過去完了形の代用となっている形式とは全く別種のものであることに注意しなければならない．

さて，この混合形式では(17)-(23)の諸例から窺知されるように，前提節の動詞は「状態動詞」であって，次のような単一の行為・出来事を表す「動作動詞」は用いることはできない．

(24) *If North Vietnam *entered* the war, we'd have sent planes.
(Schachter (1971))

ただし，次のように習慣的意味を表す「動作動詞」であれば可能である．い

ずれも前提節では「全包括的時間」にかかわる内容が表されていることに注意されたい．

(25) If dogs *talked*, Fido *would have expressed* his thanks.

(Roberts (1954))

(もし犬が口を利くのだったら，ファイドー［犬の名前］は感謝の気持ちを言い表していたであろう．)

(26) If the environment *did not change* the genes, how *could* evolution *have occurred*?

(J. Huxley, *Memories*)（堀口ほか（編）(1981))

(もし環境が遺伝子を変えることがあったら，どうして進化が起こりえたのであろうか．)

(27) "If she *didn't go* out to work, I *would have lost* this church two years ago." (H. Robbins, *Spellbinder*)

(「もし彼女が働きに出ていなかったら，この教会は2年前に失ってしまっていたでしょう」)

(28) He *would have been* over six feet tall if he ever *stood* up straight, she guessed, but his shoulders were always bent forward, as if his head was a burden he was unused to carrying.

(P. Stone, *Charade*)

(背筋をしゃんと伸ばせば6フィート以上はあっただろうが，猫背なのでそうは見えなかった．頭が支えきれないほど重いかのように肩をまるめていたからだ．)

(25) の 'dogs do not talk', (26) の 'the environment changes the genes' はいわゆる「普遍的真理」を表し，(27) は 'she goes out to work', (28) は 'he never stands up straight' という「習慣的行為」をそれぞれ表している．いずれの場合も，前提節に過去完了形を使えば，ある過去の特定時における事態だけに焦点を当てた言い方になり，現在時との関連性が失われ，過去形を使った場合とは全く異なる意味内容を表すことになってしま

うわけである.

さらに，この混合形式の前提節が「発話時対応」であることを示す例として次のようなものを挙げることができよう.

(29) "She said that Ben told her and *you*［原文イタ］told Ben." "I did no such thing." "I'm not making this up. Why *would* she *have said* that if it *weren't* true." (B. Stanwood, *The Glow*)
(「彼女はベンから聞いたって言っていたわ. あなたがベンに話したんだってということも」「そんなことはしていないよ」「その話が本当じゃなかったら, どうして彼女がそんなこと言ったりするのよ」)

この場合, 話者は 'it is true that you told Ben' という判断を発話時に行っているわけで,「出来事時対応」であれば 'if you hadn't told Ben' と過去完了形が用いられることになる. 次も「発話時対応」の場合である.

(30) "I have reason to believe," Cooper blurted out, "that a painting has been stolen from here in the past few minutes." Christian Machada stared at the wild-eyed American. "What are you talking about? If that *were* so, the guards *would have sounded* the alarm." (S. Sheldon, *If Tomorrow Comes*)
(「ここ2, 3分の間に, ここ (の美術館) から絵画が盗まれたと考えられる」とクーパーは口走った. クリスチャン・マシャーダは目がぎらぎらと燃えたそのアメリカ人をじっと見つめた.「何を言っているのだ. もしそうなら, 警備員が警報器を鳴らしていたはずだ」)

「出来事時対応」なら 'if it had been stolen from here ...' となるべきところである.

なお, 次例のように, この混合型仮定法と同じ形式が用いられているが, 実際には直説法と考えられる場合があるので注意を要する.

(31) "Why didn't she report him to police?" Thomson finished his mutton and put down his knife and fork. "She says she had no reason to. I found that suspicious, so I checked up on her. Her husband was an Irish rebel. If she *knew* what our friend Feliks was up to do, she *might well have been* sympathetic."
　　　　　　　　　　　(K. Follett, *The Man from St. Petersburg*)
（「なぜ彼女は警察に知らせなかったのだ？」トムスンはマトンを食べ終わって，フォークとナイフを置いた．「これといった根拠がなかったからだ言っています．おかしいと思って夫人のことを調べてみました．彼女の夫はアイルランドの謀反者でした．もし我々のフェリックスが何をしようとしているか知っていたら，むしろ彼に同調したでしょうね」）

(32) "Tracy, did you plead guilty to attempted murder and stealing a painting?" "Yes, Charles, but only because—" "My God, if you *needed* money that badly, you *should have discussed* it with me."　　(S. Sheldon, *If Tomorrow Comes*)
（「トレイシー，殺人未遂と絵画盗難の罪を認めたのかい？」「ええ，そうよ，チャールズ．でも，それには理由が ...」「何てことだ．そんなにお金が必要だったのなら，僕に相談してくれたらよかったのに」）

(31)の前提節の内容（「彼女がフェリックスの計画を知っていた」こと）は十分現実的に考えられることを表しているから直説法が用いられている．また，帰結節の内容は仮定法相当形ではなく，過去の出来事に対する話者の控え目な判断を示す認識的用法の法助動詞が用いられていることに注意されたい．この場合 might の代わりに may を用いても実質的意味は同じである．また (32) では，婚約者のトレイシーの口から直接彼女が殺人未遂と絵画盗難の罪状を認めたことを聞かされたチャールズが「もし（絵画を盗難しなければならないほど）お金に困っていたのなら，なぜ自分に相談

第8章 仮定法表現の語法　　　　　　　　　　　　147

してくれなかったのか」と彼女に詰め寄っている場面である．したがって，前提節は事実として提示され，直説法が用いられており，帰結節には義務を表す法助動詞の should が用いられている．この場合，帰結節は仮定法相当形ではなく，'Why didn't you discuss it with me?' と同じ非難の意味が表されている．

3.2. 過去形による過去完了形の代用

さて，本章の最後に，これまで見てきた混合型仮定法とは異なるタイプ，すなわち，仮定法過去完了形が用いられるべきところに仮定法過去形が用いられ，言わば，過去形が過去完了形の代用の機能を果していると考えられるタイプの仮定法について取り上げてみよう．以下若干このタイプの例を挙げてみる．

(33) "He *would have gone* right into your bedroom if I *didn't stop* him." (H. Robbins, *The Lonely Lady*)
(「もし私が彼を止めなかったら，彼はあなたの寝室に直行していたでしょう」)

(34) "He *would have preferred* charges the next day if I *didn't talk* him out of it." (Ibid.)
(「もし私が説得して断念させなかったならば，彼は翌日に告訴の手段を選んだでしょう」)

(35) She did not call him at home because she was only his employee, although of course she *would have called* him if it *were* a business emergency. (R. Jaffe, *After the Reunion*)
(彼女は彼の従業員にすぎなかったので，彼の自宅に電話をかけなかった．もちろん，仕事の緊急事態だったならば自宅に電話したでしょうけど．)

(36) "I *wouldn't have complained* even if you *married* one of those whores." (H. Robbins, *The Storyteller*)

(「たとえあんたがあの売春婦の一人と結婚していたとしても何も不平を言わなかったでしょう」)

(37) "If she *wasn't* in the mood to talk she *could have stuck* it [i.e. the telephone] under a pillow."
(L. McMurtry, *Terms of Endearment*)

(「もし彼女が話をする気分になっていなかったら，電話を枕の下に突っ込んでいたでしょう」)

(38) "If I *said* it was me (who called you), you *wouldn't have come*." (M. Meyers, *Suspect*)

(「電話したのが私だって言ったら，あなたは来てはくれなかったでしょう」)

(39) "Of course, it *woulda been* better if you *were* there too, Mom."
(E. Segal, *Man, Woman and Child*)

(「もちろん，ママも（食事に）一緒に行けたらもっとよかったのだけど」)

(40) Licia's mother was a tall woman and if it *weren't* for the fact that her hair was flecked with gray she *might have passed* for an older sister. (H. Robbins, *The Lonely Lady*)

(リシアの母は背の高い女性だった．もし白髪混じりの髪の毛でなかったら，彼女のお姉さんといっても通っていたかもしれない．)

これらの例が示すように，前提節の内容はいずれの場合も過去時における1回きりの行為や出来事について述べられており，当然「出来事時対応」を示す過去完了形が用いられるべきところである．このような過去形による過去完了形の代用は次のように wish の補文節にも見られる．

(41) "Don't you sometimes wish you *were* born an orphan?"
(J. Collins, *The Love Killers*)

(「孤児として生まれたらよかったのにと思うことがときどきあ

りませんか？」)

一般にこの傾向はアメリカ英語の informal な言い方に多いようである (cf. Quirk et al. (1985: 1012))．しかし，イギリス英語の例も珍しくない．

(42) He had plenty of money then, but I'*d have married* him if he *didn't have* a cent. (S. Maugham, *Up at the Villa*)
(彼はそのときたくさんのお金を持っていたが，たとえ一文無しであったとしても彼と結婚していたでしょう．)

ちなみに，英国系の辞典である CULD (*s.v.* for) では，「もし ... がなかったならば」の意味で慣用句的に用いられる if it hadn't been for と if it wasn't for が区別なく同じように用いられるとし，両形を示していることは注目に値する．

(43) If it *weren't* for your stupidity, this *would not have happened*.
(あなたが馬鹿げたことをしなかったら，こんなことにはならなかったのに．)

4. おわりに

本章では，仮定法は本来的に「非事実性」を表す counterfactual な表現形式というより，むしろ「実現可能性の少ないことを仮定・想像する」hypothetical な表現形式であると考えられることを例証した．次に，仮定法過去の形式と仮定法過去完了の形式が混合した混合型仮定法について議論し，特に前提節に仮定法過去形が，帰結節に仮定法過去完了の形式が用いられている場合については，これまであまり指摘されなかったが，このタイプの混合型仮定法では「発話時対応」と「出来事時対応」という概念で説明できることを論じた．最後に，前提節の過去形が過去完了形の代用として用いられているという最近の語法変化の一現象を見てきた．このような代用形式が用いられる背景にはどのような要因が考えられるであろうか．その

考えられる要因の一つには曖昧性 (ambiguity) の問題をあげることができよう．すなわち，前提節の内容が対応する客観的時間が過去であるか現在であるかは，帰結節の仮定法相当形の内容によって自動的に帰納できることから曖昧性の生じる可能性が少ないということが大きく関連していると思われる．さらにもう一つの要因としては，過去完了形そのものが文体的に極めて堅苦しく重々しい響きを伴った形式であることから，特に口語においては過去形で代用される傾向があるのではないかと考えられる．そしてこの傾向が特にアメリカ英語の単純化の傾向と相俟って一層この代用形式を助長する要因となっているのではないかと思われる．このようなタイプの仮定法を単純に誤用と決めつけるのは早計であり，近い将来確立した語法になっていきそうな勢いが感じとれる．

第 9 章

I wish 構文

1. はじめに

　一般に，wish は，過去，現在に対する「非現実的願望」を表し，that 節には，通常の仮定法の前提節と同様，仮定法過去完了形，過去形が用いられる．[1] 本章では，wish の that 節に仮定法の過去形が用いられる場合を中心に取り上げ，その動詞と，特に，助動詞の would の特性について考えてみたい．[2] また，後半では「実現可能性の少ない願望」を表す wish の「仮想的用法」や「祈願的用法」について議論してみたい．

　1.　wish の that 節に仮定法の過去完了の代わりに would have done の形式を用いるのは不可とされる (Declerck (1991: 439))．
　　（i）*I *wish* the old woman *would have told* me the truth.
しかし，現代英語では多用されている．
　　（ii）I *wish* you *would have told* me about it.　(BNC)
　2.　wish の that 節に might が用いられることがある．この場合 wish は「実現可能性のある願望」の意味を表す．
　　（i）　Tody had *wished* it *might* not rain before Thanksgiving, but it did.
　　　　　　　　　　　　　　　　　　　　　　(J. Steinbeck, *The Red Pony*)
また，まれにではあるが will が現れることがある．
　　（ii）"I *wish* you *will* address me by name!"　(BNC)

2. wish の基本的意味と用法

wish が that 節を従えて，節内の動詞が仮定法過去形になると，「実現不可能なこと」や「実現が (不可能とまではいわずとも) 疑わしいこと」に対する願望を表す (OED, OALD⁶, Declerck (1991: 438-440))．

(1) to want something to be true although you know it is either impossible or unlikely　(LDCE³)

前者の「実現不可能 (impossible) なこと」を願望する場合が「非事実的用法」であり，後者の「実現が疑わしい (unlikely) こと」を願望する場合が「仮想的用法」である．後者の「仮想的用法」では，節内の内容の実現可能性は完全には否定されていない．これは次例の文が容認可能なことからも裏づけられる．

(2) I *wish* she were helping, but she probably isn't.

(James (1986))

このように wish の that 節の過去形は，通常の if 節の仮定法過去形と同じく，「非事実的用法」のほかに「仮想的用法」を表す．いずれの用法であるかは，話し手がその that 節の内容が事実に反していることを直接知っているか，あるいは事実に反しているのではないかと単に疑念を抱いているか，という言語外の知識によって決定される．

以下，wish の「非事実的用法」を中心に議論し，「仮想的用法」は 4 節で扱うことにする．

「非事実的用法」では，次の Cook et al. (1980: 128) が示すように，wish は本質的に「現実世界に存在する事態を前提とし，その事態とは異なる事態が存在する [生起する] ことを願望する」という意味を表す．

(3) to express desire for a situation different from the one that in fact exists

第9章 I wish 構文

「非現実的願望」を表す wish の that 節内の動詞は，次例 (4) の示すように状態動詞か，(5) のように習慣的，反復的意味内容を表す動作動詞に限られる．つまり，非有界的 (unbounded) な動詞のみ可能となる．

(4) a. I *wish* I *knew* his address.
　　　　　　　　　　　　　　　(Thomson and Martinet (1986))
　　b. I *wish* winter *were* over.　(MD)

(5) a. I *wish* you *came* more often.　(Cook et al. (1980))
　　b. I *wish* you didn't *work* so hard.　(Swan (1980))
　　c. I *wish* I *got* more letters.　(Ibid.)

これは wish が「現実に存在する状況」を前提としているからであり，そしてその現存する状況は「状態」でなければならないからである．例えば，(5a) では，You don't come more often. が，(5b) では，You work too much. が，また (5c) では I hardly ever get letters. という事態がそれぞれ現実の状況として存在していることを示している．

　反対に，次例のような未来指示の単一の行為や出来事を表す動作動詞は容認されない（以下，出典のない例文はインフォーマント調査による）．

(6) a. *I *wish* it *rained* tomorrow.　(Palmer (1974))
　　b. *I *wish* you *passed* your exams.　(Tregidgo (1984))
　　c. *I *wish* I *changed* my job.　(Ibid.)
　　d. *I *wish* someone *bought* me that book.
　　e. *I *wish* you *met* my brother.　(Declerck (1991))
　　f. *I *wish* he *got* a pay raise next week.

これらの動詞はいずれも未来時における単一の行為や出来事を表しているので，前提となる現実的対応文自体が存在しない．例えば，(6a) では現実的対応文 (*It does not rain tomorrow.) は非文法的な文となる．「明日雨は降らない」ということを，神ならいざ知らず，人間が断言することは不可能であるからである．ちなみに，例えば (6b) の文が，未来指示ではなく，

反復的行為を表す現在指示の文である場合には，You don't pass your exams any time. のような現実的対応文が想定されているので容認可能な文になる．(6e) の場合も同じである．つまり，文全体のアスペクトが非有界的 (unbounded) であればよく，有界的 (bounded) である場合には不可となる．

(7) a. I *wish* you *passed* your exams more often.
b. I *wish* you *met* my brother more often.

ところで，文全体が未来指示の確定未来を表す文や，近接未来の進行形，および be going to を用いた未来表現の文は wish の that 節に生じることができる．[3]

(8) a. I *wish* my son *graduated* from college next year (instead of the year after).
b. I *wish* you *were* free for lunch with me tomorrow.
(9) a. "I *wish* you *were going* with me, Frankie," he said.
(H. Robbins, *Never Love a Stranger*)
b. All the staff *wish* you *weren't leaving* so soon.
(Swan (1995))
(10) a. I *wish* I *was going to see* him tomorrow.
(Palmer (1974))
b. "I *wish* I *wasn't going to camp* this summer."
(J. Guest, *Second Heaven*)

(8) では決定済みのスケジュールが，(9), (10) では計画・予定・取り決めなどが「現存する状況」であるので，その「現存する状況」とは異なる状況を願望する wish の that 節に生じることができる．確定未来や近接未来

---

3. しかし *I *wish* it *was raining* on Saturday. のような未来指示の文は容認不可となる．*It isn't raining on Saturday. が不可であるからである．ちなみに，*I *wish* it *would rain* this coming Saturday. も不可である．

および be going to に共通している点は，いずれも未来の行為や出来事を現在との関わりの中で捉えていることである．その決定的証拠はまさにそれぞれの現実的対応文が「現在時制」になっているところにある．

3. 「非事実的用法」の would の意味

前節で wish は現実の事態とは異なる状況を願望することを表す語であるので，その前提条件として「現実の事態」が存在していなければならないことを見てきた．そうすると，「非現実的願望」を表す wish の that 節に現れる would は，Swan (1980, 1995) が言うように，単純未来 (futurity) を表す would ではなくて，willingness, volition, persistence, insistence, habit などの意味を表す will の仮定法過去形の would であることになる．

(11) a. I *wish* you *would* stop smoking.　　　(Swan (1995))
　　 b. I *wish* you *wouldn't* keep making that stupid noise.
　　　　　　　　　　　　　　　　　　　　　　　　(Ibid.)

(12) a. I *wish* you *wouldn't* go out every night.　(LDCE³)
　　 b. "I *wish* you *would* stop being rude!" complained Muffin.
　　　　　(J. Collins, *The World Is Full of Divorced Women*)
　　　　（「無礼な言動はやめてもらえない」マフィンは不満をあらわにして言った．）
　　 c. "I *wish* you'*d* get rid of that damned pipe! I can't stand its stink."　(H. Robbins, *Where Love Has Gone*)
　　　　（「その鼻につくパイプを消してくれないこと．臭いが耐えられないわ」）

上例 (11), (12) の would はいずれも willingness, volition, persistence などの意味を表していることは，各文が話し手の不満・苛立ちなどの気持ちを示していることからも明らかである．ちなみに，Thomson and Martinet (1986: 262) は次例の (a) を (b) のようにパラフレーズしている．

(13) a. I *wish* he *would* write more often.
　　 b. I'm sorry he isn't willing to write more often.
(14) a. I *wish* he *would* wear a coat.
　　 b. I'm sorry he refuses to wear a coat.

単純未来 (futurity) の will を含んだ文は「現存する事態」とはなり得ない．したがって，次の文が容認されないのは，いずれの文の would も単純未来を表しているからである．[4]

(15) a. *I *wish* there *would* be a strike tomorrow.　(Swan (1995))
　　 b. *I *wish* you *would* live for a long time.　(Swan (1980))
　　 c. *I *wish* I *would* [*should*] see him tomorrow.
　　　　　　　　　　　　　　　　　　　　　　(Palmer (1974))
　　 d. *I *wish* she *wouldn't* have an accident.　(Swan (1995))
　　 cf. I hope she won't have an accident.

さらに，wish の that 節の would が単純未来の意味ではないことを立証するために次例を検討してみよう．(would を could にすれば正文となる．)

(16) a. *I *wish* I *would* change my job.　(Tregidgo (1984))
　　 b. *I *wish* I *would* give up smoking.　(Swan (1995))
　　 c. *I *wish* I *would* have my own house.　(LDCE³)

---

4. Leech (1989: 546) では，that 節の動詞が状態動詞のときにはその動詞の過去形が用いられるが，出来事動詞 (動作動詞) のときには would が必要と述べている．
　(i) a. I *wish* the weather *was* warmer.　(state)
　　　b. I *wish* the weather *would get* warmer.　(action)
　　　cf. *I *wish* that book *would belong* to me.　(Leech (1987))
しかし，例えば状態動詞の wear は次のように would を伴っても正文である．
　(ii) "I *wish* she *wouldn't wear* those cardigans," Guy said.　(BNC)
　　　(「あのカーディガンを着るのはやめてほしいね」とガイが言った．)
また，動作動詞でも pass では would を付けると非文になる．
　(iii) *I *wish* you *would pass* your driving test!

d. *I *wish* you *would* pass your exams.　　　　(Swan (1995))

(16a) が不可なのは，「現在転職の意志がない」のに転職を願望するというのは自己矛盾であるからである．(16b) でも「禁煙をしたくない」という現実の状況を変えたいという願望はやはり不合理である．(16c) も同様の理由から容認されない．(16d) では，You are not willing to pass your exams. という現実の状況がある場合のみ容認可能な文となるだろうが，そのような状況は一般に考えにくい．試験に合格して大学に進学したくないというような意志を持っている場合でのみ可能になるだろう．このような特殊な文脈のみで可能な文になるということは，この would は willingness や volition を表すということの更なる証拠となる．

ちなみに，次のように I wish I would ... が可能な場合には，自己を客体化している場合である．

(17)　I *wish* I *wouldn't* keep making mistakes.　　(Tregidgo (1984))

ミスを犯さないように心がけているにもかかわらず，ついついミスを犯してしまうという自分自身の習慣的惰性を内省的に嘆いている場合である．

以上は wish の that 節の主語が人間名詞の場合であったが，次に that 節の主語が無生物の場合を考えてみよう．[5]

(18)　a.　I *wish* the rain *would* stop!　　　　(Hornby (1975))
　　　b.　I *wish* it *would* stop raining.
　　　　　　　　　　　　　　　(Thomson and Martinet (1986))
(19)　a.　She *wished* the bad feelings *would* go away.

5.　柏野 (2003) では "I wish S would do" 構文の S が無生物の場合，用いられる動詞が self-controllable verb であるので，主語が意思を持っていると見なすことができる，という分析を行っている．しかし，次例の happen は self-controllable verb ではないが可能である．
　　(i)　I *wish* something interesting *would* happen.　　(Swan (1984))
　　　　(なにか面白いことが起こらないかなあ．)

(J. Collins, *Lucky*)
(彼女はこの不快な気持ちが消えてくれたらなあと思った.)

b. She looked at the silent telephone, *wishing* it *would* ring.

(Greet et al. (1968))
(彼女は静かな電話をながめて, 早くかかってこないかなあと首を長くして待った.)

c. I *wish* prices *would* come down.

(Thomson and Martinet (1986))
(物価が下がってくれるといいのだがと思うのだが.)

(18a, b) は, あたかも主語 (無生物) に意志があるように見立てた一種の擬人化用法と考えることができる. 雨, 雪などの自然現象は擬人化されやすい. (19a) では, the bad feelings が間断なく彼女を襲ってやまないという現実の状況がある. この would は persistence を表す. (19b) では, (かかってくることになっている) 電話がなかなかかかってこなくて, 彼女はいらいらしている. この場合, 主語 (電話) の背後に電話をかける人の存在を見てとることができる. また, (19c) は Prices won't come down. という現実の状況があり, 話し手は, 一向に下がらない物価に不満や苛立ちを覚えている. この場合の would は insistence を表している. ちなみに, Swan (1995: 629) でも次のように述べて筆者の考えを支持している.

(20) Sometimes we talk as if things and situations could be willing or unwilling, or could insist or refuses to do things.

4. 「仮想的用法」と「丁寧用法」

4.1. 「仮想的用法」

前節で明らかにしたように,「非事実的用法」の wish は that 節に過去形の動詞または助動詞の would (non-futurity の意味) を従えるときは実現不

可能な願望を表す．これに対して，「仮想的用法」の wish が that 節に would を従えるときは実現可能性が疑わしい願望を表す．

このように wish が that 節に would を従える場合には「非事実的用法」と「仮想的用法」とがあるわけだが，両者の違いを次の例文で確認しておくことにしよう．

(21) I *wish* my husband *would* stop smoking.

「非事実的用法」では my husband won't [is not willing to] stop smoking. という現実の状況が前提とされており，煙草をやめようという意志のない夫に対して話し手は残念な気持ちを抱いていることが表される．次例は「非事実的用法」である．

(22) The girl walked into the room without knocking. "I *wish* you'*d* knock, Rita," Fontaine said irritably. "I've told you a million and one times." (J. Collins, *The Bitch*)
(その女性はノックせずに部屋に入ってきた．「リタ，部屋に入る時はノックしてから入ってほしいんだけど．これまで何度も何度も注意したでしょう」フォンテーンは苛立ちを込めて注意した．)

ここでは，ノックせずに部屋に入ってきたリタに注意しているので発話時以降（未来時）に実現してほしい願望を表してはいない．リタはこれまで何度も注意されているにもかかわらずノックしてから部屋に入ることをしないのであるから，この wish は「非事実的用法」であり，would は「習慣・習性」の意味の，すなわち non-futurity の will の仮定法過去形である．次例の (23) もこのタイプに入る．

(23) The sweet smell of the tobacco was making Jennifer nauseous. She *wished* he *would* put away his pipe.
(S. Sheldon, *Rage of Angels*)

(タバコの甘ったるい臭いでジェニファーは吐き気を催していた．彼女は彼がパイプタバコを吸うのを止めてくれないかと願った．)

これに対して「仮想的用法」では，夫が煙草をやめたいという意志があるかどうかは分からないが，これから夫が煙草をやめることは疑わしい (it is unlikely that my husband will stop smoking.) と話し手が判断していることが表される．このように「仮想的用法」では未来の状況に対する話し手の否定的な予測に反対の願望を表す．そして「仮想的用法」では実現可能性が疑わしいと判断する根拠が現存していなければならない．

(24) I *wish* there *would*n't be any fog tomorrow morning (but the weather forecasters say there will be).　　(Declerck (1991))

この例文では天気予報で明日の朝霧がでるということが予測されているが，その予測に反して霧がでないでほしいと話し手は願望している．話し手は天気予報に基づいて it is unlikely that there will be no fog tomorrow morning. という否定的な予測判断をしているわけである．

次例の (25) では，家事に無頓着な妻に対する夫の不満が表されている．

(25) He emptied the old water and picked up the bath towels. He really *wished* she *would* learn to be tidy, but it seemed impossible for her.　(J. Collins, *The World Is Full of Married Men*)
(彼は入れ替えていないバスタブの水を抜いてバスタオルを手にした．彼女が身の回りをきちんとしてくれるようになってくれないものかと願ったが，それは不可能のように彼には思えた．)

妻がこれからきちんと整理整頓するようになってほしいと夫は願っているが，妻の性格からしてその願望はかなえられそうにはないと夫はほぼあきらめている．夫はこれまでの妻の態度に基づいて it seems impossible that she will learn to be tidy. という否定的判断をしている．この例の wish は「仮想的用法」であり，would は futurity を表す will の仮定法過去形である．

次例の wish はいずれも「仮想的用法」で，would は futurity を表している．[6]

(27) a. Percey *wishes* his rich aunt *would* die.

(Schachter (1971))

(パーシィーは金持ちの叔母が死んでくれたらなあと願っている．)

b. "Mrs. Citroen told me to come here and clean the place up," he said, *wishing* the fat cow *would* drop dead.

(J. Collins, *Rock Star*)

---

6. 柏野 (2003) はインフォーマントの中には futurity の would が用いられている次の文を容認する人がいるという報告を行っている．
 (i) a. I *wish* you *would* pass your exams.
   b. I *wish* I *would* win the lottery.
これらの文を容認する人は「あなたが試験に受かること」「私が宝くじに当たること」の可能性が少ないという判断をしているということになる．次例を参照．
 (ii) Despite how much I *wish* he *would* win, I doubt he will. (web site)
しかし，(ia, b) の文は後述する「祈願的用法」と解釈することもできる．また，同氏は web site からの例として次の文を挙げているが，これも「祈願的用法」ではないかと思われる．というのは，この例文は web site の書き手が挙げた 57 の wish-list の一つであるからである．
 (iii) I *wish* I *would* win a Tony Award someday.
この他に次のような wishes が挙げられている．
 (iv) a. I *wish* "hate" *would* become absolutely obsolute.
   b. I *wish* that no child *will* ever have to feel pain again.
次の例も「祈願的用法」である．
 (v) A: Do you think Pat Buchanan deserves the Reform Party Presidential nomination?
   B: "Yes. I *wish* he *would* win the election. He's the only one who really speaks with conviction and doesn't put his finger in the air to see which way the political wind is blowing." (web site)

(「シトローエン婦人にここに来て部屋を掃除するようにと言われたのです」彼はこの太ってだらしのない女がくたばって死んでしまえばいいのにと思いながらそう答えた．)

c. She liked these moments with her mother and *wished* they *would* never end.　(R. Jaffe, *Five Women*)
(彼女は母とのつかの間の再会を喜び，この時間が終わらなければいいのにと思った．)

(28) a. Wayne almost *wished* that there *would* [原文イタ] be an invasion of aliens. Maybe they would kill off his damned creditors.　(S. Sheldon, *The Doomsday Conspiracy*)
(ウエーンはエイリアンが本当に侵略してくれたらいいのにと思いかけた．そうしたらあの債権者どもを皆殺しにしてくれるのにと思った．)

b. Jenny just leaned against me, and I secretly *wished* there *would* be no taxi, that she would just keep leaning on me.
(E. Segal, *Love Story*)
(ジェニーは僕に寄り添っていた．僕は内心このままタクシーなんて来なければいい，彼女がいつまでも僕に寄りかかっていてくれ，と願った．)

c. "The whole way I kept *wishing* the plane *would* crash."
(C. Webb, *Love, Roger*)
(「僕は飛行機の中でずっと，この飛行機が墜落すればいいのにと願い続けていた」)

4.2.　「丁寧用法」

前節で扱った「仮想的用法」では wish は実現が疑わしいという話し手の否定的願望を表すことを見てきたが，この節では，むしろ実現が可能であるという話し手の肯定的願望を表す，いわゆる「丁寧用法」を取り上げてみよう．

特に，I wish you would ... は話し手の不満や苛立ちを表すと同時に，聞き手に対する（穏やかな）命令や批判的要求または禁止を表すことがある.[7] この場合，that節の内容は聞き手の意欲次第では現在の状況を変化させることが可能な内容になっており，話し手はその行為の実現を期待していることが表される.

(29) a. I *wish* you *wouldn't* drive so fast.
 (= Please don't drive so fast.)
 (そんなに飛ばさないでよ.)
 b. I *wish* you *wouldn't* work on Sundays.
 (= Why don't you stop?)
 (日曜日には仕事はしないでよ.)

(以上，Swan (1995))

(30) I *wish* your children *would* stop picking flowers in my garden.

(Declerck (1991))

(おたくの子供に私の庭の花を摘み取るのをやめさせてくれないかね.)

さらに，願望の内容によっては，話し手の丁寧な提案・要請・依頼などの語用論的意味が表されることがある.

(31) A: Shall I help you check the accounts?
 B: I *wish* you *would*. (Thomson and Martinet (1986))
 (A：計算書の点検をお手伝いしましょうか. B：そうして

---

7. 次の2文の違いに注意.
 (i) a. I wish you *wouldn't smoke* so much.
   b. I *wish* you *didn't smoke* so much.
(ia)では I'm asking you to stop smoking. という要請が表されるが，(ib)では I'm sorry you smoke so much. という話し手の無念・残念さを表す. ちなみに，MDではI wish に used when telling someone what you want them to do という定義を与えている.
 (ii) I *wish* you'd stop talking about all your problems.
   (自分の問題の話ばかりするのはやめてくれないかなあ.)

くれたら助かるわ.)

(32) "One of your students," he said, "that Kate McGregor—I *wish* you'd keep her away from my farm."

(S. Sheldon, *Master of the Game*)

(「学生さんのことですが」彼は言った.「つまり, ケイト・マクレガーのことなんですが ... あの子を農場に来させないでもらいたいんです」)

(33) Jeff said, "You know, you're wrong about me, Tracy. I *wish* you'd give me a chance to explain. Will you have dinner with me tonight?" (S. Sheldon, *If Tomorrow Comes*)

(「あのね, トレーシー, 僕のこと誤解しているよ. 説明のチャンスをくれないか. 今晩夕食を一緒できないか?」とジェフは言った.)

(34) "I *wish* you'd always look that way instead of how you looked last night." (R. Jaffe, *Class Reunion*)

(「夕べみたいな顔じゃなくて, 今朝みたいなこやかな顔をいつもしてほしいわ」)

(35) "I'm staying at the Sunset Marquis," he said, "I *wish* you'd call me. I'd really love to take your picture sometime."

(J. Collins, *Power*)

(「僕はサンセット・マルキーズホテルに泊まっています. よかったら電話してください. いつかあなたの写真をぜひ撮らせていただきたいのです」と彼は言った.)

このように話し手の提案や要請などの発話行為は wish を用いた仮定表現では間接的なものになる. 話し手は wish を用いて,「たてまえ」上では聞き手が行為を実現してくれることを期待していないことを暗示させているのである. 話し手が表現意図(「本音」)を表に出さず, 仮のものであると提示することによって, 行為の遂行の決定権は聞き手に預けられることにな

り，そのぶんより丁寧になるのである．「非事実的用法」や「仮想的用法」の場合と異なり，「丁寧用法」では「現実に存在する事態（実現を不可能にする事態）」は前提とされていない．つまり，話し手は間接的にその行為の実現を期待しているのである．

　この用法においても would は volition, willingness を表している．次例のような通常の仮定法構文の条件節に現れる would と同種のものと考えることができる．

　　(36)　"I would be honored if you and your father *would* be my guest at dinner tonight." (S. Sheldon, *Master of the Game*)
　　　　（「お父さんとご一緒に，今夜の夕食にご招待できれば光栄なのですが」）

5. 「祈願的用法」

　これまでの考察では，「非現実的願望」を表す wish の that 節に生じる would は単純未来の would ではなく，willingness, volition, persistence, insistence, habit などの意味を表す non-futurity の would であること，そして「仮想的用法」では would が futurity を表すこと，さらに「丁寧用法」では would は volition, willingness を表すことを明らかにしてきた．

　この節では，wish が that 節に futurity の would を従えて「祈願する；願い事をする」という発展的意味で用いられる場合を取り上げる．[8]

　次の (37) は，小学校の先生 (A) が生徒たちに「願い事が一つあるとし

　8.　wish が「祈願する；願い事をする」の意味を表すようになったのは，名詞用法の wish からの転用と wish for A to do の動詞用法からの転用である可能性がある．OALD[6] は to think very hard that you want sth, especially sth that can only be achieved by good luck or magic と定義して次例を挙げている．
　　(i)　She shut her eyes and *wished for him to get better*.
　　　　（彼女は目を閉じて彼の健康が回復しますように祈った．）
　　cf.　She wished he would get better.

たら，それはどんなことですか？」という質問をしたところ，生徒の一人(B)が「世界が平和でありますようにという願いです」と答えたという報告である．

 (37) A: If you had one wish what would it be?
    B: I *wish* there *would* be world peace. (web site)

同様に，次の (38) は，インターネットのあるホームページ (2001 年 12 月 1 日) に A の質問 (今年のクリスマスの願い事を一つ挙げてください) を載せたところ，多くの responses があり，その中から 3 名 (B, C, D) の responses を選んだものである．[9]

 (38) A: If you could have just one Christmas wish this year, what would it be?
    B: I *wish* that God *would* bring a godly man into my single daughter's life.
    C: I *wish* there *would* be an end to all terrorist activity worldwide.
    D: I *wish* that the poor *would* have enough food, money, clothes and enough love. But most of all shelter.
                   (web site)

これらの例文の I wish は I have a wish that ..., My wish is that ..., My wish would be that ... や My dream is that ... などに言い換えることができ「... であることを祈願する［祈る］；... の願い事をする」という意味を

---

 9. このほかの responses をいくつか紹介しよう．「実現可能性のある願望」から「実現可能性の少ない願望」「実現不可能な願望」まで多様である．
  (i) a. To be accepted to medical school.
    b. Mine would be that my husband would stop drinking.
    c. I would want to have one more Christmas with my father who died 10 years ago.

表している.[10] 日本式に言えば，元旦に神社を参拝して家内安全や志望校合格などの「お祈り」や「祈願」，または七夕の日に笹の枝に結ぶ短冊に添えた「願い事」に類似したものである．

　この「祈願的用法」は，that 節の内容が幸運，魔力，奇跡や神などによって実現可能になるように話し手が密かに祈ることを表す．ちなみに，CIDE はこの意味の wish の名詞用法を a hope that is made real with magical powers と定義し，次の例文 (39) と動詞用法の例文 (40) を挙げている．

(39) If I could have just one *wish* I suppose it would be that all the fighting in the world *would* stop tomorrow.
（もし願い事が一つだけ叶えられるとしたら，それは世界中の争いのすべてが明日なくなってくれるということです．）

(40) I remember blowing out the candles on my birthday cake and *wishing* that John Lee *would* be my boyfriend.
（私は誕生日のケーキのロウソクを吹き消しながらジョン・リーがボーイフレンドになってくれますようにと願った．）

　次例は，末期ガンを患い，余命幾ばくもないと医師に宣告された祖母の苦しんでいる姿を見るに見かねた少年の率直で純真な告白文である．

(41) My grandmother is 76, and dying. I *wish* she *would* die. I am ashamed for thinking this, I truly am, but seeing the mag-

---

10. 次例の wish は dream の意味である．
   (i) "We're eating beside the pool," Salli said. "*Sooo* [原文イタ] Hollywood. But y'know, this is what I dreamed about when I was a little girl. I *wished* [原文イタ] I'd get to live in a place like this. And my wish came true."
   (J. Collins, *Power*)
   （「お昼はプールサイドで食べましょう」とサリは言った．「とってもハリウッド的でしょう．でもね，これが私の小さいころの夢だったの．こんな素敵なところに住めるようになれたらと憧れていたのよ．そしたらその夢が正夢になったのよ」）

nitude of her suffering, against the miniscule joys she can still take from life, I feel no emotional remorse for *wishing* that it *would* end, for her benefit, and ours .... Every time I watch her weep in silent agony I *wish* her next breath *would* be last.

(web site)

(僕のおばあちゃんは 76 歳で，いま危篤状態です．僕はおばあちゃんが天国に召されることを祈っています．こんなことを祈るなんて不謹慎で恥ずかしいです．本当に恥じています．でも，生きていて得られるごくごく僅かな喜びに比べ，地獄のような苦しみを強いられている彼女の姿をまのあたりにすると，本人自身のためにも，そして僕たちのためにも，人生にピリオドを打ってほしいと願うことに良心の呵責を全く覚えません．... 無言の苦悶の中で泣いているおばあちゃんの姿を見るたび，今度のひと息が最後の一息になってくれと祈っている自分があるのです．)

この「祈願的用法」では I wish I would ... も可能となる．いずれも「願いが叶えられますように」という密かな祈りである．

 (42) a. I *wish* I *would* lose weight, and I could wear a short skirt.

(web site)

    b. I *wish* I *would* find more time for reading. (web site)
    c. I *wish* I *would* fall in love like Juliet. (web site)

以上，「祈願的用法」の wish を取り上げ，この用法では「非事実的用法」の場合と異なり，「単純未来 (futurity)」の would が生起可能であることを明らかにした．

　これらの 3 用法に共通しているのはいずれの用法でも wish の that 節に will の過去形の would が使われているという点である．この would は「非事実的用法」では願望の内容が現実から遊離していること，「仮想的用法」

では願望の内容の実現可能性が遠ざかっていること,「祈願的用法」では実現の可能性が超人的パワーに託され,人間の能力の範囲から離れていること,すなわち,現実世界からの「遊離感 (remoteness)」を表していると考えることができる.

6. おわりに

　本来「非現実的願望」を表す wish は that 節に仮定法過去形の動詞や助動詞を従えて,現在の事実と異なることや実現の困難なことを願望する動詞である.その場合,動詞は状態動詞か習慣・反復を表す動作動詞 (換言すると unbounded な動詞) のみが可能で,未来指示の単一の動作動詞 (bounded な動詞) は用いられないことを示し,その制約は wish が「現実の状況」を前提とし,それに反する状況を願望する語であるという事実から説明できることを例証した.

　また,助動詞の would は意志・主張・固執・習慣などを表すもので,単純未来の意味ではないことを論証した.この理由も wish が基本的に「現実の状況」を前提としているからと考えることで整合的に説明できることを示した.さらに,wish が would を伴って,主語の控えめで丁寧な提案・要請・依頼などの意味を表す語用論的用法があり,その場合には非現実的願望のように内容の実現を妨げるような「現実の状況」は存在せず,それゆえに話し手は実現可能なことを願望していることを明らかにした.そしてこの語用論的用法の would も意志・自発性の意味であることを確認した.

　最後に,以上述べた wish の基本的用法のほかに「仮想的用法」の wish を取り上げ,この場合は「実現の可能性の少ない願望」を表し,この用法の wish の that 節に現れる would は futurity の意味を表すということを確認した.さらに,発展的意味とし wish が「祈願する;願い事をする」の意味でも用いられているという言語事実を提示した.

第 10 章

「時」を表す since と時制

1. はじめに

接続詞の since には「時」を表す用法と「理由」を表す用法とがあるが，本章では前者の「時」の since を取り上げ，それが共起する時制との関係について考察してみたい．[1]

---

1. 「時」を表す since には接続詞用法のほかに前置詞用法と副詞用法があるが，本章では主に接続詞用法を考察の対象とする．他の用法の分析に Aarts (1979), Hirose (1983) がある．
　前置詞用法で特に興味あるのは，後続の NP である．本来「時間」の特性を持たない NP が since に続くと，「時間」的意味素性が付与されるといった現象はメトノミーと考えることができる．以下，若干例を挙げる．
　(i)　a.　Has Updike wrtten anything *since Marry me*?　　　(Aarts (1979))
　　　　　（アップダイクは『私と結婚して』の作品以来何か書いていますか．）
　　　b.　It was only then he realized that he hadn't had anything *since a cup of coffee* in Jerusalem six hours earlier.　(E. Segal, *The Class*)
　　　　　（その時になってはじめて彼は，6時間前にエルサレムでコーヒーを1杯飲んで以来何も口にしていないことに気が付いた．）
　　　c.　He hadn't had a virgin *since Anna Maria*.
　　　　　　　　　　　　　　　　　　　　　　　(J. Collins, *The Love Killers*)
　　　　　（彼はアンナ・マリア以来処女を相手にしたことはなかった．）
　　　d.　"How's the boyfriend?" Jan asked. "I haven't seen him *since Africa*."
　　　　　　　　　　　　　　　　(J. Collins, *The World Is Full of Divorced Women*)

第 10 章 「時」を表す since と時制

since は，通例，過去の特定時から現在時［発話時］までの間の時間帯を表し，具体的には「過去の特定時から現在時までの間に」と「過去の特定時から現在時までずっと」の二つの意味に用いられ，主節には現在完了形が，従節には過去形が用いられるのが原則である。²

(1) a. He *has written* only once *since* he *went* to camp.

(「ボーイフレンドは元気かい？」とヤンは尋ねた．「アフリカで会って以来ずっと会っていないわ」)

2. 米語では，主節の現在完了形に代わって過去形が用いられることが多い (cf. Quirk et al. (1985))．
 (i) a. *Since* when *did* you *own* a word processor?
   (いつからワープロを所持しているの？)
  b. *Since* I last saw you, my mother *died*.
   (この前君に会ってから母は亡くなったよ．)
  c. I *was* here *since* before 8 a.m.
   (8 時前からここで待っていたんだ．)
次は作品からの用例．
 (ii) a. "I'm totally into Chris," Lina sighed. "Wish he wasn't married." "*Since* when *did* that *make* any difference to you?" Brigette remarked.
             (J. Collins, *Dangerous Kiss*)
   (「私，クリスにぞっこんなの．結婚していなかったらいいんだけど」リナはため息まじりに言った．「いつからそんなことが関係するようになったのかしら？」とブリジェットは答えた．)
  b. "Ever *since* Laddie died, I *couldn't stand* boys."
             (H. Robbins, *The Carpetbaggers*)
   (「ラディーが死んでから，他の男の子には耐えられないわ」)
  c. "You *grew since* last year." (H. Robbins, *The Lonely Lady*)
   (「去年から大きくなったね」)
  d. "I *loved* yuh *since* that day in the elevator, but I never thought you could see me." (H. Robbins, *79 Park Avenue*)
   (「エレベーターで会ったあの日以来君が好きになったけど，二度と会ってくれないと思っていたよ」)
  e. "They *were* engaged *since* they left high school."
             (H. Robbins, *Never Love a Stranger*)
   (「彼らは高校を卒業後婚約したよ」)
  f. "I *went* out with Russ Pharr a few times *since* we had that fight," she said. (N. Klein, *Angel Face*)
   (「あの時ラス・ファーと喧嘩してから数回デートしたわ」と彼女は言った．)

(RHDS)
  b. She *has been* busy ever *since* she *arrived*. (Ibid.)

しかし，(2) のように基準時が過去に移されて主節と従属節が過去完了形になったり，(3) のように基準時が未来になって，主節が未来完了形になったりすることがある．

 (2) a. It was the first call she *had received since* she *had been* at the clinic. (H. Robbins, *Goodbye Janette*)
（彼女が診療所に勤め始めてから最初にかかってきた電話だった．）

   b. Pete went to work in the living room, clearing tables and shelves of the mementos and art objects they*'d collected since* they*'d been* together. (B. Stanwood, *The Glow*)
（ピートは居間で仕事をやりに行き，テーブルや，彼らが一緒になってから集めた記念品や美術品の置いてある棚を順に片付けた．）

   c. It *had been* nine months *since* her affair with Licia *had begun*, and almost a year *since* she *had been* with a man.
         (H. Robbins, *The Lonely Lady*)
（リシアとの関係が始まってから9か月になっていたし，男性と一緒に生活するのもほぼ1年ぶりであった．）

 (3) a. Next Tuesday it *will be* [*will have been*] six years *since* I became an American citizen. (Quirk et al. (1985))
（来週の火曜日には，アメリカ市民になって6年になります．）

   b. By tomorrow Daniel *will have been* in bed for a week *since* he caught the flu. (Ibid.)
（ダニエルは明日で彼がインフルエンザにかかってから1週間寝込んでいることになります．）

第10章 「時」を表す since と時制　　　173

これは基準時の過去，未来への移動ということで解決できる問題なので，本章では since の意味を「過去の特定時から現在時までの期間」を表す場合に限定して，以下議論を進めて行くことにする．

　本章で中心的に扱う since と時制の問題は次例に見られるような，上述の原則を破っている場合である．

(4) a. He's *looking* better *since* his operation.　　(Palmer (1974))
　　b. *Since* when *do* you *paint* like that?　　(Close (1962))
　　c. It*'s* dull here *since* George left.　　(Long (1961))
　　d. *Since* he came out of hospital, Alex *can walk* much better.
　　　　　　　　　　　　　　　　　　　　　　　　(Aarts (1979))
(5) a. *Since* she *has been* in London, she has been very lonely.
　　　　　　　　　　　　　　　　　　　　　　　　(Aarts (1979))
　　b. I've had a dog ever *since* I*'ve owned* a house.
　　　　　　　　　　　　　　　　　　　　　　　(Quirk et al. (1985))
　　c. *Since* I *have known* her, my life has been transformed.
　　　　　　　　　　　　　　　　　　　　　　　　(Whitaker (1976))
(6) a. I've been lonely *since* you*'ve left*.　　(Quirk et al. (1985))
　　b. Things have been different *since* you*'ve gone*.　　(Ibid.)
(7) a. It's been a long time *since* I*'ve seen* Gerald.
　　　　　　　　　　　　　　　　　　　　　　　(Quirk et al. (1985))
　　b. It has been a long time *since* John *has been* ill.
　　　　　　　　　　　　　　　　　　　　　　　(Heinämäki (1978))

(4) は，主節の時制が現在完了形となるべきところに現在形が使用されている場合であり，(5) は，since 節の中に過去形ではなく現在完了形が生じている．さらに，(6) は，「起点」を表す過去形に代わって「結果」の現在完了が用いられている場合で，最後に，(7) は，'It is [has been] 〜 since ...' の期間提示構文の主節だけでなく since 節の中にも現在完了形が用いられている場合である．以下，順を追ってこれらの問題を検討してみたい．

2. 非原則的用法

2.1. since と主節の時制

Palmer (1974: 69) は主節に現在進行形の用いられている例を (4a) のほかに次の2例を挙げている.

(8) a. We're *eating* more meat *since* the war.
　　b. He's *going* to work by bus *since* his car broke down.

どちらの場合も現在完了進行形にしても全く問題がないのだが, 現在進行形では現在時のみならず未来時まで及ぶ動作の持続が暗示される. したがって, (8b) では, 仮に車が修理され, 彼が再び使用できるようになっておれば現在完了形が期待されることになる.

同様に, 次例の (9a) では現在形が習慣的行為を表し, 過去, 現在, 未来に及ぶ時間域をカバーするのに対し, (9b) では厳密な意味において, 発話時 [現在時] を含んでおらず, 過去から広い意味における「現在」までの時間域にかかわっているだけ, といった違いが見られる.

(9) a. (Ever) *since* we brought that car we *go* camping every weekend.　　　　　　　　　　　　　(Aarts (1979))
　　b. *Since* we've owned a car we've *gone* camping every year except last year (and I'm afraid we're going to have to miss this year too).　　　　　　　　　　　　(Ibid.)

さて, 次に since の意味と時制の関係を見てみよう. Chalker (1984: 103) は, (10a) と (10b) を比較し, (10a) は非文法的で, (10b) は文法的であるとしている.

(10) a. *I *live* [*am living*] here *since* I left home [*since* 1980].
　　　b. I *am feeling* [*feel*] better *since* the doctor gave me these pills.

第 10 章 「時」を表す since と時制　　　175

すなわち，(10b) では since が「時」の意味だけでなく，「理由」の意味を部分的に表すので可能となるというのである．[3] 次例も (10a) と同様の理由から非文法的になる．

(11) a. *We *live* here *since* 1950.　　　　(Leech (1971))
　　 b. **Since* 1971, Britain *has* decimal currency.
　　　　　　　　　　　　　　　　(Leech and Svartvik (1975))
　　 c. *She *is drinking* Martinis *since* the party started.
　　　　　　　　　　　　　　　　(Quirk and Greenbaum (1973))
　　 d. *I'*m* [I *was*] *reading since* three o'clock.　(Palmer (1974))

以上から since が副次的に「理由」の意味を表すことが，主節の現在形が選ばれる一要因となることが分かった．このことと合わせて注意すべき点は (8a, b) と (11c, d) の現在進行形の違いである．両方とも since は「時間」の意味で用いられているのに，(8a, b) は文法的で (11c, d) は非文法的である．これは (8a, b) の進行形が習慣的行為を表すのに対して，(11c, d) の進行形は単一行為の持続 [継続] を表しているという点に求めることができる．すなわち，両者では進行形の意味が異なるということである．
　以下英米の辞典および作品などからの例を若干挙げておく．

(12) a. The telephone *are* out along most of the coast *since* the storm.　　　　　　　　　　　　(Courtney (1983))
　　 b. The wind*'s* up a lot *since* last night.　(Lexicon)
　　 c. *Since* the factory has shut down, the article *cannot be ordered*.　(Horizon)
　　 d. Ever *since* the beginning of the five-day work week, many people *speak* of Monday as the first day of the week.　　　　　　　　　　　　(Aarts (1979))
　　 e. Ever *since* Jim came along, she *doesn't seem* to have

---

3. 同様の指摘はすでに Hirose (1983) にある．

much time for me.　(Ibid.)

f. *Since* I came to college, I *realize* how little I knew.

(Quirk et al. (1985))

g. Things *are* much worse *since* you left.　(Ibid.)

h. They *won't smoke* (ever) *since* they saw a film on lung cancer.　(Ibid.)

(13) a. "Really, Cleo, *since* you got back I *find* you very changed."

(J. Collins, *The World Is Full of Divorced Women*)

(「クレオ，本当に，あなたは戻って来てから随分変わったと思うよ」)

b. "*Since* she married the opera singer, she *leaves* me alone."

(J. Collins, *Dangerous Kiss*)

(「彼女（母）はあのオペラ歌手と結婚してから僕のことは干渉しなくなったよ」)

c. "My dear, *since* we first came to this terrible place you *are* the only person to show me true consideration."

(BNC)

(「私たちがここのひどい場所にやって来てから，本当にあなただけが本心から思いやりの気持ちを持って私に接してくれているわ」)

d. "*Since* Jenny died, I just *can't feel* a thing."

(E. Segal, *Oliver's Story*)

(「ジェニーが亡くなってから何にも感情がなくなってしまったんだ」)

e. *Since* yesterday afternoon I *have* a stepfather and a stepsister and a step brother.　(R. Jaffe, *After the Reunion*)

(昨日の午後から（母が再婚したので）義理の父親と妹に弟ができたのだった．)

f. *Since* she lost twenty pounds for the wedding she's slinky and pretty. (Ibid.)
(彼女は結婚式のため 20 ポンドも体重を減らし，今ではスリムで可愛らしくなった．)［この since は「理由」とも解釈できる］

ところで，次例のように since 節が後置され，話者の視点が現在に置かれて since 以下はいわば付随的に添えられたような場合，話し手は since 以下のことを最初から頭に置いて発言を行っているわけではないので主節に現在形が用いられていると考えることができる (小西 (1976: 151))．

(14) a. "I thought you knew," she said. "It seems as if everyone else in Detroit *knows* it. Ever *since* the day they met in the steam room at the Athletic Club."

(H. Robbins, *The Betsy*)

(「あなたも知っていると思っていたわ」と彼女は言った．「デトロイト中のあなた以外の人はみんな知っているようだけど．アスレチッククラブのスチームバスルームで会って以来ずっとね」彼女は続けた．)

b. "She went away?" "Didn't you know?" His eyes, candid and surprised, met hers. "I've no news of her," he said, "*since—since* that summer in Dillmouth."

(A. Christie, *Sleeping Murder*)

(「彼女は家を出て行ったのか？」「知らなかったんですか？」彼は率直で驚いたような目で彼女を見た．「彼女の消息は何一つ聞いていないんだ．デルマウスでのあの夏以来ずっとね」と彼は言った．)

c. "You always say that," Emma said. "When do I say that?" "Always. Ever *since* I met you."

(R. Jaffe, *After the Reunion*)

(「あなたはいつだってそう言ってるわ」エマが言った．「いつそんなこと言うかしら？」「しょっちゅうよ．あなたに会ってからずっとよ」)

最後に，(4b) のような Since when ...? の疑問文中で用いられる現在形について考えてみよう．Long (1961: 160) は次の用法は informal なスタイルで例外的に起こるとしている．

(15) *Since when is* he an authority?

Hirose (1983) および Hirtle (1975: 47) などには，このような現在形で用いる疑問文は現在完了形を用いた通常の疑問文に比べ，感情的意味合いが多分に含まれ，聞き手の態度・行為を非難したり叱責する場合に多く用いられるという指摘がある．すなわち，(4b) の文 Since when do you paint that? は Why do you paint like that? と同義の意味が伝わるというのである．確かに informal なスタイルではあるが，たいていの場合，この傾向が見られる．ちなみに，LDCE³ は Since when ...? を慣用的表現として見出し扱いにしている．

次例は，主人公 Janette の義理の父 Maurice が彼女をだまして母親の残した資産を横領しようと画策しているのにもかかわらず，Janette 自身は Maurice の言うことを信じ込んでしまっているため，善良なかつてのパートナーの Johann の誤信をさとしている場面である．問題の箇所は「どうしてあの嘘つきモーリスの言うことを信じて，私の言うことを信じないのか」といった憤慨した Johann の発言である．すなわち，聞き手の Janette に「いついつから ... 信じている」といった型どおりの返答を期待しての疑問文では決してないのである．

(16) "Half of them belonged to him but before the war was over General von Brenner had Mother smuggle them out of France and put the coins in a Swiss bank." Johann looked at Janette. "*Since when do* you *believe* what he tells you?" "What rea-

son would he have to lie?" she asked.

(H. Robbins, *Goodbye Janette*)
(「(遺産の) 半分は彼 (義父) のものだったのよ．でも，戦争が終結する前にフォン・ブレナー将軍が母にそれらをフランスから引き出させ，スイスの銀行に金貨を預けさせたのよ」ジョハンはジャネットのほうを向いた．「いつから彼 (義父) の言うことを信じるようになったんだい？」「嘘をつかなきゃならない理由なんてないじゃないの」彼女は答えた．)

このように Since when ...? の表現は，相手の特定の行為をあたかも一般的で，習慣的であるかのように取り上げて，話し手の非難や叱責という意味合いを含ませている (cf. 大江 (1982))．

2.2. since 節の中の現在完了形
2.2.1. 「継続」を表す現在完了形
(5a-c) に見られる since 節中の現在完了形の例を次に追加しておこう．

(17) a. I have known Dr. Cooper *since* I *have lived* in London.
(Aarts (1979))
b. He's been getting bad headaches *since* he *has been* in the army. (Quirk et al. (1985))
c. He has never been to see me *since* I *have been* ill.
(Wood (1981))
d. We've only been to the theatre once *since* we'*ve been staying* in London. (Cook et al. (1980))
e. Max has been tense since he'*s been taking* drugs.
(Quirk et al. (1985))
f. Nothing has happened *since* I *have been watching*.
(COD[7])

これらの現在完了形 (進行) 形は，過去時から現在時まで継続している事態を表していると理解してよい．いずれの場合も「起点」を要求する since の語彙的な力が，「継続相」を表示しようとする現在完了形の文法的な力に押し切られた形になってしまっていると言うことができよう．since 自体の意味も while と同じ意味になっている．例えば，(17a) を例にとって図示すれば (18) のようになろう．

(18)　　　　　　　　　　"I have known Dr. Copper."　　　　　　NOW
　　　　X
　　　　Y
　　　　　　　　　　　　"I have lived in London."

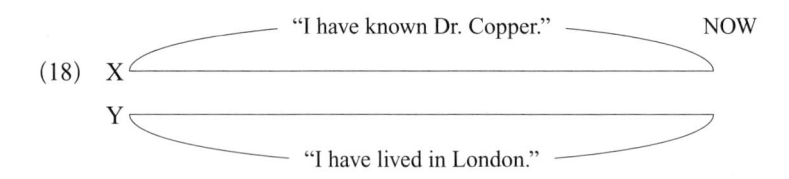

主節 (X) と従節 (Y) の表す事態が時間的にぴったり重なり合っているわけである．

　ちなみに，(17a) の since のあとに過去形を用いて (19) のようにすると，since 以下の内容は現在時と何ら関連を持たなくなってしまう．すなわち，(19) は 'I no longer live in London.' を含意し「ロンドンに住んでいた時からクーパー博士とは知り合いである」の意味になる．

　　(19)　I *have known* Dr. Copper *since* I *lived* in London.

図示すれば次のようになる．

(20)　　　　　　　　　　"I have known Dr. Copper."　　　　　　NOW
　　　　X
　　　　Y
　　　　　　　"I lived in London."

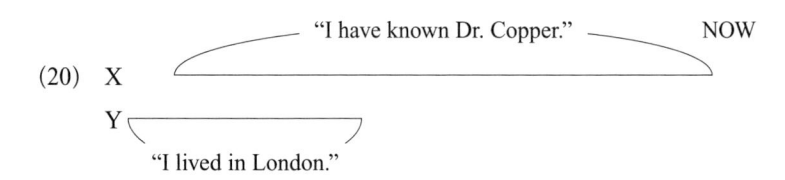

通例，since 節中に現在完了形として生じる動詞は状態動詞が普通で，動作動詞では (17e, f) のように現在完了進行形になる．ただし，次例では動作動詞の完了形となっている．

(21) a. *Since* I *have walked* to school (and I continue to do so), I have felt too tired to do much teaching.

(Whitaker (1976))

　　b. *Since* David *has crossed* the Atlantic (and he does it regularly), fares have fluctuated considerably.　　(Ibid.)

　　c. *Since* I *have cycled* to my office, I have been considered an eccentric.　　(Aarts (1979))

これらは動作の繰り返しを表し，全体で過去から現在まで継続している事態を表していることに注意されたい．一方，各々の since 以下を過去形にすると，単一の行為や出来事しか表さないことは言うまでもない．次例と比較されたい．

(22) a. *Since* I *walked* to school (that day), I have been considered an eccentric.　　(Whitaker (1976))

　　b. *Since* Columbus *crossed* the Atlantic, the ocean has changed little.　　(Ibid.)

　　c. *Since* I *cycled* to my office, I have been considered an eccentric.　　(Aarts (1979))

最後に，このタイプの現在完了形が用いられた作品からの例を挙げておこう．

(23) a. "Ever *since* you've *been* here the only things you've taken an interest in are quill pens and waste-paper baskets." (A. Christie, *Murder in the Mews*)
(「あなたがここに来られてから唯一興味を持たれているのが羽ペンと紙くず入れのバスケットだけですね」)

　　b. "*Since* we've *been making* this movie I've observed at least three different girls visiting you on the set."

(J. Collins, *Dangerous Kiss*)

(「この映画を製作し始めてからこれまでに,すでに少なくとも三人の別々の女性が君を映画のセット現場に訪ねて来たのを見たぞ」)

c. "You've been getting younger *since* I've been coming around." (A. Corman, *The Old Neighbourhood*)
(「(子供の面会に)やって来るようになってから君はだんだんと若返ってきたみたいだね」)

d. "He hasn't really done it to me *since* we've been married." (S. Sheldon, *The Naked Face*)
(「私たちが結婚して以来これまで一度も愛し合ってくれたことがないんです」)

e. "I have a southern accent," she said. "Quite a few people have commented on it *since* I have been here. I thought maybe you didn't notice it." (C. Webb, *Love, Roger*)
(「私,南部なまりがあるのよ」彼女は言った.「ここに移って来てから随分たくさんの人たちに指摘されたわ.あなたは気づいていないと思っていたわ」)

f. "You haven't bought a new tie *since* I've known you." (L. McMurtry, *Terms of Endearment*)
(「あなたと知り合ってからあなたは1本もネクタイを買っていないわ」)

2.2.2. 「結果」を表す現在完了形

前節では「継続」を表す現在完了形が since 節の中に用いられている場合を扱ったが,本節では,「結果」を表す現在完了形が過去形の代わりに用いられている場合について考察してみたい.

(24) a. (=(6a)) I've been lonely *since* you've left.
(Quirk et al. (1985))

b. (=(6b))　Things have been different *since* you've *gone*.
(Ibid.)

c. (=(12c))　*Since* the factory *has shut* down, the article cannot be ordered.　(Horizon)

d. *Since* my sister *has married* she seems to be unable to get on with her life.　(Aarts (1979))

e. "But you know *since* I*'ve gotten* out of the hospital I've had no much fun."　(I. Wharten, *Dad*)
(「でもね，退院してから楽しいこと全然ないんだよ」)

(24a–e) の since 以下に過去形を用いてもほぼ同じ意味が伝えられる点において，前節の現在完了形とは異質のものである．ほぼ同じ意味に伝えられると言っても，現在完了形と過去形ではそれぞれの含み・ニュアンスが異なる．基本的に，過去形は現在時への関わりを一切排除し，現在から遊離した事態を叙する，といった文法的機能を本来的に表すのに対して，現在完了形は過去の出来事を何らかの方法で現在時に関連させる，すなわち，current relevance を表示することを主たる機能として持つといった観点に立つならば，since 節中の現在完了形はこの current relevance を表示しようとする話し手の表現意図にほかならないのである．具体的に言えば，(24a, b) では聞き手 (you) が話し手のもとを去って［出て］行ったことが，たとえ過去の出来事であったにせよ，その結果として，聞き手の存在が話し手の意識の中に依然としてくっきり残っている，ということである．(24c) では工場の閉鎖の影響が表されている．意味的には「理由」の since とも重なり合うことから，主節の時制が現在形になっている点にも注意したい．(24d) では結婚が，(24e) では退院が最近の出来事であることが表されている．

次例ではこのニュアンスがうまく表されている．

(25)　"I'm leaving on the weekend." "But it's only six months *since* you*'ve come* home," his mother said quickly.

(H. Robbins, *Spellbinder*)
(「週末には出ていくよ」「でも,帰ってきてからほんの6か月しかならないじゃないの」彼の母は即座に答えた.)

ベトナムから4年ぶりに復員して我が家に戻ってきた息子が半年後に,家を出ると突然言い出す.母親にしてみれば帰ってきてまだ半年にしかならないのにどうして出て行くのか,息子の気持ちを確かめている.復員して帰ってきたばかりではないかといった母親の気持ちが only の使用と相俟って現在完了形の使用に如実に表されている.

ちなみに,次例は be 動詞を含むことから,前節 2.2.1 の「継続」用法と解釈されがちであるが,この be 動詞は状態的意味ではなく起動的意味を表しており,(25) と同様「起点」を表す用法である (cf. 2.2.3). only の使用にも注意されたい.

(26) "I'm not being overprotective. It's only six months *since* she*'s been* out of the hospital."

(H. Robbins, *The Lonely Lady*)
(「私は神経過敏になっているんじゃないよ.彼女は退院してからまだ半年しかならないんだよ」)

娘と二人暮らしの刑事が,麻薬濫用患者の女性を退院後引き取り,社会復帰させようとしている.もう完全に社会復帰できているからあまり気をまわし過度の心配は無用であるという娘に対して,父親は6か月前に退院したばかりなのだから彼女のことをいろいろと心配するのは当然ではないか,と弁解している場面である.

次の (27) では,読んだ本が現在書き手に影響を与えていることを示唆している.その意味で,この現在完了形も current relevance を表している.

(27) I have wanted to know Italy *since* I *have read* that book.

(ELT (1965, 4.Q.B.))

2.2.3. 'It is [has been] 〜 since ...' 構文における現在完了形[4]

(7) のタイプの since 節の現在完了形は「否定の含意」を強調する用法と考えることができる (大江 (1982: 131-134)). 2.2.1 節のタイプが「(肯定の) 継続」を示す用法であったのに対し, この 'It is [has been] 〜 since ...' の構文は「(否定の) 継続」を表すと言えよう. 次例を見てみよう.[5]

(28) a. It's been two years *since* I *have seen* her.　(BDE)
(彼女と会ってから 2 年になる [彼女に会うのは 2 年ぶりだ／彼女には 2 年ほど会っていない].)

b. "It's been a long time *since* I've *tasted* home cooking. I'm looking forward to this."
(S. Sheldon, *Master of the Game*)
(「家庭料理にありつけるのは随分久しぶりだ. 楽しみにしているよ」)

c. "How long has it been *since* I've *had* a shave?"　(Ibid.)
(「もうどれくらいひげをそっていないかなあ」)

d. "Oh wow, it's been such a long time *since* we've *had* a good laugh around here."
(M. Morgan, *The Total Woman*)
(「うわあ, こんなにみんなが楽しく笑うなんて, 随分久しいことなかったわ」)

e. "How is he?" he asked. "It's been almost six months *since* I've *seen* him."

---

4. この構文の主節に現在完了形を用いるのは主に米国語法であるが, 現在では英国語法でも認められていることは Swan (1980), Thomson and Martinet (1986) や Quirk et al. (1985) などが注記なしで両形を与えていることから推察できよう.

5. スピーチレベルの観点から言えばインフォーマルな文体に多く見られ, 特に米国に多い (cf. Long (1961: 161)).

なお, Bolinger (1975: 398) は It's been nine hours since I've eaten anything. の文は It's been nine hours since I ate anything. と It's been nine hours that I've not eaten anything. の blending によってできたものであると指摘している.

(H. Robbins, *Descent from Xanadu*)
(「父はどうです？　半年近く会っていないんですが」と彼は尋ねた．)

これらはいずれも否定の状態を表しており，例えば (28a) は 'I haven't seen her for two years.' に等しい内容を表している．

　ここで注意しておきたい点は，この 'It is [has been] 〜 since ...' 構文の since 節には「(肯定の) 継続」を表す現在完了形は現れない，ということである．

(29) *It's (been) three years *since* I *have lived* in London [I *have known* him / he *has been* dead / I *have studied* English].

次例はいずれも be 動詞が用いられていることから「(肯定の) 継続」を表す用法に見えるが，実際には起動的意味の be 動詞であり，先程から主張している「否定の含意」を強調する用法である．(30a) は 'We *haven't been* alone for more than two years.' に，(30b) は 'I *haven't been* home for some time.' にそれぞれパラフレーズでき，決して 'We *have been* alone for more than two years.', 'I *have been* home for some time.' の肯定的意味にはならないのである．(30c, d) も同様に「経験の欠如」が表されている．

(30) a. "It is more than two weeks *since* we've *been* alone. You never let me take you home anymore."

(H. Robbins, *The Lonely Lady*)
(「僕たちは会わなくなってもう 2 週間以上になるよ．もう僕にうちまで遅らせてもくれないし」)

b. "I thought you'd like to meet them and it's almost on the way. I want to take this opportunity of seeing them myself. It's some time *since* I've *been* home."

(A. Constant, *Can I Help You?*)

(「両親に会いたいだろうと思ってね，それに僕の家は（パインクレストに行く）途中にあるんだ．僕自身もいい機会だから会いたいんだ．随分家には帰っていないからね」)
[この some は「かなり」の意味]

c. "It's seven months *since* I've *been* to bed with a man. I'm afraid to tell anybody." (R. Jaffe, *The Cousins*)
(「もう7か月も男性と関係を持っていないのよ．怖くて誰にも話していないの」)

d. "It's been years *since* I've *been* this honest with any man."
(R. Jaffe, *After the Reunion*)
(「男の人にこんなに正直になれたのは何年かぶりだわ」)

さて，次にこのように現在完了形で生じることのできる動詞の特性について考えてみよう．結論から言えば，いずれの場合も「繰り返し経験可能な出来事」(repeatable event) を表すものに限られるということである (cf. Heinämäki (1978), Thomson and Martinet (1986: 171))．したがって，次例は「単一の出来事」を表す動詞であることからいずれも非文法的な文となる．[6]

(31) *It's (been) three years *since* he *has died* [he *has graduated* from college / the war *has ended* / he *has left* the country].

ところで，先程，このタイプの現在完了形は「否定の含意」を強調する用法と考えることができると述べたが，この「否定の含意」は 'It is [has been] 〜 since ...' 構文自体に求めることができる．すなわち，この構文はある事態の生じた過去から現在までの時間の経過を提示するものだが，見方を変えれば，過去から現在までの期間内に，当該の事態が一度も生起し

---

6. 「単一の出来事」を表す動詞であっても「結果」を表し「起点」を表す過去形の代わりに用いられた現在完了形の場合には完全に容認可能な文になる（例文 (25), (26) を参照）．

なかったという「否定の含意」をも同時に表している．したがって，現在完了形として現れる動詞は「繰り返し経験可能」なものでなければならないのである．

「否定の含意」を持つことは，次のように否定対極表現の any が since 節に現れることが傍証となる．

(32) a. "It's so long *since* I bought *anything* like this," I said.
(A. Constant, *Can I Help You?*)
(「こんな（高価な）物を買ったのは随分久しぶりだわ」と私は言った．)

b. It was a long time *since anyone* had told him he was wrong about *anything*. (J. Archer, *The Prodigal Daughter*)
(彼があることについて間違っていると他の人から指摘されたことは随分なかったことだった．)

3. おわりに

本章では「時」を表す since と時制の問題をさまざまな視点から考察してきた．since は過去の一定時から現在時までの時間的拡がりを表すことから主節には現在完了形が，従節には開始点を表す過去形が用いられる，というのが原則であるのにもかかわらず，主節に現在（進行）形が用いられたり，従節に現在完了（進行）形が用いられたりして叙上の使い方はあくまで「原則」であることを見てきた．2.1 節では主節の時制を扱い，現在完了形以外（特に現在形）の文法形式が選択される場合，(i) 現在時における状況や状態に焦点を集約することに話し手の表現意図がある，(ii) since 自体の意味が「時」の意に加えて，「理由」の意を部分的に表している，(iii) (i) と関連するが，since 節が発話の中で付随的な役割しか果たさず，故に話し手の主たる関心が主節にあり，かなり自由な時制の選択が許容されている，といったような要因が複雑に絡み合っていることを指摘した．

2.2 節では since 節の中に生じる現在完了形を,「過去形」対「現在完了形」という文法形式上の対立から捉え,これらの現在完了形は本質的に current relevance といった文法的意味を担っているという考察を行った.具体的には「(肯定の) 継続」用法,「「起点」を表す (結果)」の用法,それに「否定の含意」を強調する用法に分類できることを例証した.特に,時間提示構文における since 節の現在完了形の考察では,動詞の分類や本構文の意味的特性の分析などの必要性を説き,従来米国口語用法と片づけられていたこの用法に新たな視点からの分析を試みた.

第 11 章

未来を表す単純現在形と現在進行形

1. はじめに

　Tense は文の内容を時間軸上に位置づける動詞の形態で表す文法範疇であるので，英語には過去時制と現在時制の二つの時制が認められ，未来時制は認められない．未来時制はないが未来時の出来事や行為，状態を表す未来表現はいくつかの方法で表示できる．[1] 本章では，それらの未来表現の中で，単純現在形（Simple Futurate）（以下，SF）と現在進行形（Progressive Futurate）（以下，PF）を考察の対象とし，両者の意味論（語用論）的・統語論的特性や制約等を，先行研究の諸説を比較検討しながら明らかにしたいと思う．

---

1. 次例は schedule/timetable の意味（Swan (1995))．
    (i)　a.　The summer term *starts* on April 10th.
    　　　　（夏学期は 4 月 10 日から始まる．）
    　　b.　My plane *is* at three o'clock.
    　　　　（私の乗った便は 3 時に着きます．）
    　　c.　*Are* you on duty next weekend?
    　　　　（来週末は仕事ですか？）

2. SF の意味的・統語的特性

　未来に関わる事象を単純現在形で表すということは，過去や現在に与えるのと同じ程度の客観的確実性を未来の事象に与えるということを意味する．つまり，未来の事象を「事実 (fact)」として先取りした形で認識しているわけで，Leech (1971, 1987) や Quirk et al. (1985) などが「有標の形式」と見なすのも故なしとしない．

　こういった「事実」としての事態認識のあり方は，次例の示すように，文脈によっては「脅迫」といった語用論的意味に反映されることがある．

(1) a. If John eats any more of that fugu, he *dies*.
　　　　　　　　　　　　　　　　　　　　　(R. Lakoff (1970))
　　　（もしジョンがそのフグをこれ以上食べたら，殺してやる．）

　　b. One more step, and I *shoot* you!　　　(Leech (1971))
　　　（一歩でも動いたら撃ち殺すからな．）

　　c. "Before we go," she announced, "I want one million dollars. In cash," ... "Either that, or I *telephone* your wife." (S. Sheldon, *Bloodline*)
　　　（「私たちが（この町から）出て行く前に，（慰謝料として）100万ドル渡してもらうわ．現金でね」(愛人の) 彼女はそう通知していた．...「それが無理だったら，奥さんに私のことを洗いざらい電話で知らせるしかないわね」）

　　d. "Explain to him that if he's not here in one hour, he no longer *has* a job." (Ibid.)
　　　（「彼が1時間以内にこの事務所に戻らなかったら，仕事は首だ，と言っておけ」）

　上例の現在形を「will ＋原形」にしたら，話し手の有無を言わせぬ断固とした決意は失われ間延びした言い方になってしまう．(1a) を he will die

とすると "If he eats it, he will die." の意味になり，(1a) の本来意味する "If he eat it, I'll kill him." とは全く異なる意味になってしまう．

さらに，(2) のような動詞の that 節の中に現れる単純現在形も話し手の主観的確実性を表すと考えることができる．

(2) a. "I hope you *drop* dead."　(J. Collins, *The Love Killers*)
（「あんたなんかくたばって死んじまえばいいのよ」）
b. "Make sure the door *is* closed."
(H. Robbins, *Never Love a Stranger*)
（「ドアに（鍵をかけて）閉めておくんだよ」）
c. "I'll certainly see he *gets* your message."
(H. Robbins, *Never Leave Me*)
（「責任をもってあなたの伝言を彼に伝えておきます」）

これらの現象は SF の語用論的側面に関連するもので，SF の発展的用法とみなすべきであろう．(1)，(2) の SF の箇所だけ取り出した文はいずれも容認されない文となるからである (cf. (13))．

(3) a. *I *telephone* you this evening.　(Swan (1980))
b. *He *arrives* safely tomorrow.　(attested)
c. *Lucy *comes* for a drink this evening.　(Swan (1995))

以下，独立文における SF に限定し，従来なされてきた諸説を概観しながら問題点を整理してみよう．

Jespersen (1931) や Zandvoort (1969) をはじめとする伝統文法家の SF に与えた説明は certainty, fixed program [plan, decision, arrangement] などの用語によってなされてきたが，1970 年代以降の研究では，単一の意味基準でもって SF を説明しようという傾向が見られるようになった．

G. Lakoff (1971) は will を削除した形，すなわち SF の形式が可能となる条件は次のようなものだとして，certainty（「確信性」）の立場をとっている．

(4) *Will* can be deleted just in case it is presupposed that the event is one that the speaker can be sure of.

次の (5a) のような文は話し手が確信できる内容を表し，それ故に容認可能な文であるが，(5b) は試合の様態に関する内容を表しているので，それは話し手が確信できるようなものではないことから容認不可となる，というのが G. Lakoff (1971) の主張である．

 (5) a. The Yankees *play* the Red Sox tomorrow.
   b. *The Yankees *play* well tomorrow.

しかし，この話し手の「確信性」という基準では次のような例が説明できない．

 (6) a. I can't be sure that the Yankees *play* the Red Sox tomorrow. (Vetter (1973))
   b. *I *die* within the 70 years. (Prince (1982))

(6a) は G. Lakoff 流の考えでは矛盾を含んだ文となるはずだが，実際は適格文である．一方，(6b) は話し手が確信できる内容であるのに非文法的な文と判断される．そこで，Vetter (1973) は，(6a) は 'The Yankees are scheduled to play the Red Sox tomorrow.' とパラフレーズ可能な内容を表しているので，SF は certainty というよりむしろ plan や schedule を表すと主張している．[2]

---

2. SF は指示を与えたり，指示を求めたりする場合にも用いられる (Swan (1995: 217)．
 (i) a. So when you get to London you *go* straight to Victoria Station, you *meet* up with others, you *get* your ticket from Ramona and you *catch* the 17:15 train for Dover, OK?
    (そこでロンドンに着いたら，まっすぐビクトリア駅に行き，他の連中と落ち合い，ラモーナから切符を受け取って，ドーバー行きの 17 時 15 分発

これに対して，Goodman (1973) や Wekker (1976) は plan や schedule では，次のような自然現象を表す SF の用法を説明できないとして Vetter (1973) に反論している．

(7) a. There *is* a solar eclipse next week.　　(R. Lakoff (1970))
　　 b. The tide *reaches* its highest level at 11:42 tonight.
　　　　　　　　　　　　　　　　　　　　　　(Close (1975))
　　 c. The sun *sets* at 8:30 tomorrow.　　(Goodman (1973))
　　 d. *It *rains* tomorrow.　　(Wekker (1976))

彼らによると，SF の決定的意味基準は「未来の出来事が発話時の状況を基準にして，完全に決定されている」という話し手の信念にほかならないとする．日食，満潮，日没は，現在の科学技術で十分予測可能であり，したがって，「決定済み」事項と見なすことができるが，(7d) の天候の予測についてはそのような確実性を保証するような予測は不可能であり，すでに「決定済み」事項と見なすことができないので容認されないというわけである．この complete determination という概念基準は，これまで提唱されてきたものの中で最も説得力があり，包括的な基準であるように思われる．Prince (1982) の提唱する Counting Capacity (計算能力) という基準もこの complete determination という基準と同じ内容を表していると考えられる．

上で述べたように，SF が一つの完結した事実として把握された表現形式である以上，そこから当然 SF の内容は非個人的で集団的な意味合いを持つことになる．すなわち，SF の内容の成立には人為の介在を許さない

　　　の列車に乗るんだ．分かったかい？）
　　 b. Well, what *do* we *do* now?
　　　　（さて，今度は何をするの？）
　　 c. Where *do* I *pay*?
　　　　（どこで払えばいいんですか？）

ということで，主語はスケジュール化された日程を受動的に消化するだけで，内容の決定には関与する余地がないということになる．[3]

  (8) a. Tom *dies* tomorrow at 9 A.M.   (R. Lakoff (1970))

---

3. SF PF のほかに will do/be going to do/will be doing などによって未来を表すことができる．以下，簡単にその用法を概観してみよう．
(1) will の場合 (Swan (1995: 217))：ある条件に基づく未来を表す．
 (i) a. It'*ll* be spring soon.（もうすぐ春だ．）
   b. She'*ll* be here in a couple of minutes.
    （もう2，3分で彼女はここに着きます．）
   c. He'*ll* have an accident if he goes on diving like that.
    （彼はあんな運転を続けていたら，事故に遭うだろう．）
なお，will は発話時点で生じた「意図」を表す．
 (ii) 'The phone's ringing.' 'I'*ll* answer it.' [cf.*I'*m going to* answer it.]
   （「電話が鳴っているよ」「僕が出るよ」）
(2) be going to do の場合：(a) 主語のあらかじめ考えられた「意図」を表す．
 (iii) a. I *am going to* write a few letters tonight. (van Ek and Robat (1984))
    （今夜2，3通手紙を書くつもりだ．）
   b. We *were going to* call on you last night, but we had visitors ourselves.
                         (Ibid.)
    （昨晩伺おうと思っていたんですが，当方に来客がありましてね．）
(b) 徴候に基づく予測．
 (iv) a. Look at the sky, It'*s going to* rain.   (Swan (1995))
    （空を見てごらん．雨になりそうだね．）
   b. The woman *is going to* have a baby. (van Ek and Robat (1984))
    （その女の人にはまた赤ちゃんが生まれるのね．）
(3) will be doing：「自然の成り行き」による未来．
 (v) I'*ll be seeing* you one of these days, I expect. (Swan (1995))
   （またそのうちお会いすることになるかと思います．）
次の3文の意味の違いに注意 (Swan (1995: 218))．
 (vi) a. *Will* you *be staying* in this evening?
    （今晩のご宿泊はいかがなさいますか．）
   b. *Are* you *going to stay* in this evening?
    （今晩お泊りのご予定ですか．）
   c. *Will* you *stay* in this evening?
    （今晩泊まっていくの．）
(via) は非常に丁寧な質問，(vib) は予定の質問，(vic) は意思を問う質問や依頼を表す．

            b.　I *finish* work early tomorrow.　　　　　(Wood (1965))
            c.　We *hear* the result tomorrow.　　　　　(Close (1977))

(8a) は「トムの死刑執行日が明日の午前9時である」，(8b) は「明日は（土曜日なので）仕事は早く終わる日である」，(8c) は「明日が結果発表の日である」という意味で，いずれも非個人的で公的な取り決めや計画等を表している．したがって，次の (9a) のように，話し手が自らの意志で行う行為によってはじめて成立するような出来事の場合には容認度は下がると判断される．

　　(9)　a.　?I *date* Wanda June tomorrow.
            b.　I have a *date* with Wanda June tomorrow.
            　　　　　　　　　　　　　　　　　　(Goodman (1973))

(9b) はデートの取り決めがすでになされているので，それに基づいて未来（明日）の出来事が予測可能なので容認可能な文である．(9a) が強いて可能となる文脈は，'Tomorrow is the time fixed for me (by some authority) to date Wanda June.' のような特殊な状況であり，そのような状況以外のコンテクストでは容認不可と判断されるのではないかと思われる．

Prince (1982) は，状態動詞が SF で用いられた場合，適格な文になるためには「起動的意味」に再解釈されなければならないと述べている．[4]

　　(10)　a.　I *know* the answer tomorrow.
             b.　*I *know* French next week.
             c.　Next week we *own* the house.
             d.　*Next week John *likes* Mary.

(10a)，(10c) は明確な開始点を設定できるので起動的解釈が可能であるが，(10b) では「来週フランス語が分かる」，(10d) では「来週ジョンはメ

　4.　Leech (1971: 61) は次例を容認不可としている．
　　(i)　*You *know* the answer next month.

アリーを好きになる」という起動的解釈ができないので不適格な文となる，というのが Prince (1982) の論旨である．しかし，この Prince の説は，起動的意味を持たず，純粋に状態を表している次の (11) の諸例を説明することができない．

(11) a. "*Are* you free this afternoon?"
　　　　　　　　　　　　　(H. Robbins, *Never Love a Stranger*)
　　　（「今日午後予定が空いている？」）

b. We're out on Saturday.　　　　　(Close (1970))
　（私たちは日曜日は留守にします．）

c. Val May's autumn season at the Bristol Old Vic *contains* a play which he would prefer some of his patrons not to see.　　　　　　　　　　(Wekker (1976))
　（ブリストル・オールド・ビックにあるバル・メイの秋季公演には，彼の後援者の何人かには観てもらいたくない劇が上演されることになっている．）

d. "I'*m* off duty tomorrow."
　　　　　　　　　　　(J. Archer, *Shall We Tell the President?*)
　（「明日は非番なんだ」）

e. "And the three of you already *have* an appointment with me at ten-thirty tomorrow morning?" "Yes, sir."　(Ibid.)
　（「君たち三人は明日の午前10時30分に私とのアポイントメントがあることになっているのじゃなかったかね」「はい，そのとおりです」）

f. "I'*m* in the ladies' singles tomorrow afternoon."
　　　　　　　　　　　　　　　　　(E. Segal, *The Class*)
　（「明日の午後はレディースのシングルスの試合があるの」）

これらの例文はいずれも未来の予定が発話時の時点で「決定されたもの」として捉えられていると考えられるので状態動詞であっても容認可能な文

となっている．Prince のように起動的解釈に再解釈する必要は全くない．(10a) の文 (I know the answer tomorrow.) が容認されるのは，やや特殊な文脈ではあるが，明日が試験の解答の公表日となっているような場合，つまり，'Tomorrow is the time fixed for me to know the answer.' が想定できるからである．他方，(10b) の文 ('I know French next week.') が容認不可な文となるのは，フランス語を理解できる能力が来週獲得できるということが，発話時の時点で完全に決定済みの事柄として確定できないからである．

ちなみに，次例では，'My uncle's will has been probated.'（叔父の遺言が裁判所によって認可された）という前提状況が発話時に存在しているので，容認可能な文になる．

  (12) Next week we *own* the farm.   (Smith (1981))
    （来週亡き叔父の農場の所有者になります．）

以上の考察から「発話時にすでに決定された事項と見なし得る状況が存在すること」という SF の基本的条件を満たしておれば，動詞の種類に関係なく容認可能な文となる．状態動詞であるかどうかを問わず，この条件を満たさない文は容認不可となる．

  (13) a. *I'*m* happy [ill, tired] tomorrow. (Close (1975))
    b. *I *phone* you tonight.   (Swan (1995))
    c. *I promise I *don't smoke* again. (Ibid.)

3. PF の意味的・統語的特性

SF が未来の事態を「事実」として「決定済み」で完結的であると捉えた形式であるのに対して，PF は進行形の本質的特性から，「事態の完結へ向けての進行」——この意味で「未完結」——を表し，変更の可能性の余地を残した形式であり，具体的には「計画・準備・取り決め等によって期待され

第11章　未来を表す単純現在形と現在進行形　　　　　199

る未来の出来事」を表すと言うことができる（cf. Leech (1971, 1987), Close (1977)）。[5]

　用いられる動詞は移動を表すものが中心であるが，人間が前もって計画や準備ができる内容の動詞であれば差し支えない（cf. Close (1977)）。一方，人間による計画が不可能な内容を表す次例の (15a, b, c) はいずれも容認不可と判断される．

　　(14)　a.　*Are* you *sleeping* here, my boy?　　　(Jespersen (1931))
　　　　　　　（おい君，ここで寝るつもりなのかい？）
　　　　b.　Smith *is being promoted* shortly.　　　(Tregidgo (1962))
　　　　　　　（スミスさんはもうすぐ昇進することになっています．）
　　(15)　a.　*It*'s *raining* tomorrow.　　　(Close (1977))
　　　　b.　*I*'*m sneezing* in a moment.　　　(Ibid.)
　　　　c.　*The tree *are losing* their leaves soon.
　　　　　　　　　　　　　　　　　　　(Quirk et al. (1985))

PF の形式で用いることのできない (15c, d, e) の各文は「(現存する徴候を基に) ... しそうだ」という話し手の「推測」を表す be going to do の形式にすれば容認可能な文となる．

　　(16)　a.　It*'s going to rain* tomorrow.
　　　　b.　I*'m going to sneeze* in a moment
　　　　c.　The trees *are going to lose* their leaves soon.

ちなみに，(15a) の文 'It's raining tomorrow.' は，映画のセットなどで人工的に雨を降らせる予定であることを映画の関係者に伝える監督の言葉としてならば可能な文になる．同様に (15b) の文 'I'm sneezing in a moment.'

　5.　PF は計画・予定・取り決めがなされていることを表すが，be going to do は話し手の「意図」を表す．次の2文の違いに注意 (Swan (1995: 211))．
　　(i)　a.　I*'m getting* a new job.　(It's already arranged.)
　　　　b.　I*'m going to* get a new job.　(I've decided to.)

は，例えば役者がもうすぐくしゃみをする演技をします，と他の役者に言うような場合には可能な文となろう．

ところで，Leech (1971) と Wekker (1976) は自然現象を表す次例のような PF を容認しないが，Goodman (1973), Close (1975) や Prince (1982)，および筆者のインフォーマント5名全員は容認する立場をとっている．

 (17) a. An eclipse *is occurring* tomorrow morning.

(Goodman (1983))

    b. The tide *is reaching* its highest level at 11.47 tonight.

(Close (1975))

    c. The sun *is setting* at 6:31 tomorrow. (Prince (1982))

これは，いずれも人間が過去の客観的なデータを基にして予測可能な schedule や timetable であり，PLAN [SCHEDULE] という PF の意味範囲を逸脱するものではなく，むしろその範囲内にあるものであると考えられよう．(17c) (The sun is setting at 6:31 tomorrow.) のような天体のスケジュール化は可能であるが，(15a) (*It's raining tomorrow.) のような天候のスケジュール化は不可能であるという点に両者の容認度の違いが反映されている．

このように考えると，SF と PF の根本的な違いはどこにあるのか，ということになるが，つまるところ，両者の大きな相違点は「決定済みである」か「方向づけられている」か，換言すると，「完結」か「未完結」かという点に収斂されるのではなかろうか．そしてこの「完結」「未完結」という対立概念は変更可能性の有無に関係してくる．SF は人為の及ばぬ次元であるから，変更の余地はないが，PF はあくまで方向性を示すだけであるので，変更の余地が残されている．例えば，次例では，

 (18) I *was meeting* him in Bordeaux the next day.

(Quirk et al. (1985))

過去のある時点において，その次の日に彼とボルドーで会う予定になっていた，と言っているだけで，その予定が変更になって行為の実現が達成できなくなったというようなこともあり得る．同様に，次例のように，悪天候などの理由から飛行機の出発時刻が変更になったような場合にも PF の形式のみが可能となる．

(19) The plane *is taking off* at 20:30 tonight.　　　　　(Ibid.)

さらに，次例のように，行為や出来事の実現が発話時の時点で不確定的であるような場合，SF の形式は不可で，PF の形式が用いられる (cf. (8a))．

(20) The Rosenbergs *are dying* [**die*] tomorrow, although the President may grant them a pardon.　　　(Dowty (1979))
（ローゼンベルグ夫妻は明日処刑されることになっている．ただし，大統領が恩赦を認める可能性も残されているが．）

さて，次に PF の統語的制約についていくつかの問題を整理してみよう．まず，通常の進行形の制約と同様，未来を表す PF でも，状態動詞を用いることはできない．

(21)　a.　*I'*m knowing* the answer tomorrow.　　(Prince (1982))
　　　b.　*This camera *is belonging* to me tomorrow.
　　　　　　　　　　　　　　　　　　　　　(Wekker (1976))

これは，PF が「完結に向けての活動」を表し，活動は「変化」を伴うので異質的な段階が示されることになるが，状態は完結点をもたず，また「変化」を伴わない均質的な状態を示すことから，「変化」概念を有する PF の形式とは相容れないからであると考えられる．また，通常の進行形と同じく，PF の場合にも，用いられることの可能な動詞は「完結的動詞」に限られ，状態動詞のような「非完結的動詞」は用いられないからである．したがって，PF 自体は「未完結」であるが，PF の形式で用いられる動詞は「完結的動詞」または「完結化可能な動詞」でなければならないのである．「完

結化可能な動詞」というのは (14a) の文 'Are you sleeping here, my boy?' の sleep のような本来完結的でない活動動詞であるが，PF で用いられると，話し手は行為や活動全体を一つの完結可能な行為として捉えているということになる．

「完結へ向けての活動」ということは，未来時における行為の継続の意味を表すことができないということを意味する．

  (22) I'*m working* all day tomorrow.   (Palmer (1965))

この文は「明日は一日中働くつもりです」の意味であって「一日中働いています」という意味にはならないことに注意されたい (cf. Wekker (1976), Prince (1982))．

 語用論的には PF はさまざまな間接的発話行為を表す．例えば，一人称主語では「強い意志」を表す．

  (23) a. "Of course I'*m staying* for dinner."
          (L. McMurtry, *Terms of Endearment*)
    (「もちろん夕食まで帰らないよ」)
    b. "I'*m not having* an abortion!" she said plaintively and then started to cry. (D. Steel, *The Cottage*)
    (「私，絶対に中絶なんかしないからね！」彼女は哀れみに満ちた声でそう言うと泣き出した．)

また，話し手の「決意」を押し出すことによって，聞き手に当該の行為を阻止させるといった「脅迫」の意味を表すこともある．

  (24) a. "Listen, Linda," he shouted, "don't do this to me—open the door or I'*m going* for the police."
        (J. Collins, *The World Is Full of Married Men*)
    (「リンダ，聞いてくれ．こんなことはやめてくれ．ドアを開けるんだ．さもないと警察を呼ぶぞ」と彼は大声で言っ

た．）

  b. "If you ever do anything like that, I'*m* never *speaking* to you again," she said, getting off me.

(N. Klein, *Angel Face*)

(「そんなこと（自殺未遂行為）を二度としたら，あんたとは絶対に口を聞いてやらないからね」彼女は僕の体から離れながら，その言葉を吐き捨てるように言った．)

また，二人称，三人称主語の場合には「命令」や「禁止」等の意味を表す．

(25) a. Dad whirled on me. "Listen, you'*re going* to college."

(N. Klein, *Angel Face*)

(父は急に私のほうを振り向いて，「いいか，大学に行くんだぞ」と言った．)

  b. "I've decided that Dani'*s not going* down to visit you any more." (H. Robbins, *Never Love a Stranger*)

(「（娘の）ダニエルにはもうあなたを訪問させないことに決めたの」)

  c. "You'*re not going*," he said. "Why not?" "You'*re just not*," he said. (L. McMurtry, *Terms of Endearment*)

(「君は行ってちゃだめだ」と彼は言った．「どうしてよ」「だめなんだよ」)

  d. "Give me the package!" "You'*re not getting* it."

(J. Chase, *Mission to Venice*)

(「その包みをよこすんだ」「渡すもんかい」)

4. おわりに

本章では数ある未来表現の中で現在時制で未来を表す SF と PF の形式がどのような意味的・統語的特性や制約を持っているかを中心に考察して

きた．本来 indefinite な未来の出来事を definite な現在形で表す SF は未来の出来事を「事実」として捉えた有標の形式であることから，「決定済み」すなわち「完結」という意味的特徴をもつのに対して，同じ現在時制であっても進行形で表す PF の形式は，そのアスペクト特性から「完結に向けての進行」すなわち「未完結」という意味的特徴を持つということが明らかになった．

参考文献

Aarts, F. 1979. "Time and Tense in English and Dutch: English Temporal *Since* and Its Dutch Equivalents," *English Studies* 60, 603-624.
赤野一朗. 1985.「語法研究から作品解釈へ」第 17 回白馬夏季言語学会口頭発表ハンドアウト.
Alsina, A. 1999. "On the Representation of Event Structure," T. Mohannan and L. Wee (eds.), *Grammatical Semantics: Evidence for Structure in Meaning*, 77-122. Stanford: CSLI Publications.
Anderson, J. M. 1971. *The Grammar of Case*. Cambridge: Cambridge University Press.
安藤貞雄. 1983.『英語教師の文法研究』東京: 大修館書店.
荒木一雄 (編). 1986.『英語正誤辞典』東京: 研究社出版.
荒木一雄・大沼雅彦・豊田昌倫 (共編). 1985.『英語表現辞典 (第 2 版)』東京: 研究社出版.
荒木一雄・小野経男・中野弘三. 1977.『助動詞』東京: 研究社出版.
Baker. C. L. 1989. *English Syntax*. Cambridge, MA: MIT Press.
——. 1995. *English Syntax*. (2nd ed.) Cambridge, MA: MIT Press.
Binnick, R. I. 1991. *Time and the Verb*. London: Oxford University Press.
Bolinger, D. 1971. "A Further Note on the Nominal in the Progressive," *Linguistic Inquiry* 2, 584-586.
——. 1975. *Aspects of Language*. New York: Harcourt Brace Javanovich.
——. 1980. *Language — The Loaded Weapon*. London: Longman.
Brinton, L. J. 1988. *The Development of English Aspectual Systems*. Cambridge: Cambridge University Press.
Celce-Murcia, M. and D. Larsen-Freeman. 1983. *The Grammar Book; An ESL/EFL Teacher's Course*. Rowley: Newbury House.
—— and D. Larsen-Freeman. 1999. *The Grammar Book; An ESL/EFL Teacher's Course*. (2nd ed.) Tokyo: Shouhakusha.
Chafe, W. L. 1970. *Meaning and the Structure of Language*. Chicago: University of Chicago Press.
Chalker, S. 1984. *Current English Grammar*. London: Macmillan.

Chierchia, G. and S. McConnell-Ginet. 1990. *Meaning and Grammar*. Cambridge, MA: MIT Press.
Close, R. A. 1962. *English as a Foreign Language*. London: George Allen & Unwin.
———. 1970. "Problems of the Future Tense (2)," *ELT* Vol. 25, 1, 43-49.
———. 1975. *A Reference Grammar for Students of English*. London: Longman.
———. 1977. *English as a Foreign Language*. (2nd ed.) London: George Allen & Unwin.
Comrie, B. 1976. *Aspect*. Cambridge: Cambridge University Press.
Comrie, B. 1986. "Conditional: A Typology," E. C. Traugott, A. Meulen, J. S. Reilly and C. A. Ferguson (eds.), *On Conditionals*, 77-99. Cambridge: Cambridge University Press.
Cook, J. D., A. Gethin and K. Mitchell. 1980. *A New Way to Proficiency in English*. (2nd ed.) Oxford: Basil Blackwell.
Courtney, R. 1983. *Longman Dictionary of Phrasal Verbs*. London: Longman.
Cowie, A. P. and R. Mackin. 1975. *Oxford Dictionary of Current Idiomatic English*. London: Oxford University Press.
Croft, W. 1991. *Syntactic Categories and Grammatical Relations*. Chicago: University of Chicago Press.
Crowell, T. L., Jr. 1964. *Index to Modern English*. New York: McGraw-Hill.
Davies, E. C. 1979. *On the Semantics of Syntax*. London: Croom Helm.
Declerck, R. 1979. "Aspect and the Bounded/Unbounded (Telic/Atelic) Distinction," *Linguistics* 17, 761-794.
Declerck, R. 1981. "On the Role of Progressive Aspect in Nonfinite Perception Verb Complements," *Glossa* 15, 83-114.
Declerck, R. 1991. *A Comprehensive Descriptive Grammar of English*. Tokyo: Kaitakusha.
DeLancy, S. 1984. "Notes on Agentivity and Causation," *Studies in Language* 8, 181-213.
———. 1985. "Agentivity in Synatx," *CLS* 21, Part 2, 1-12.
———. 1991. "Event Construal and Case Role Assignment," *BLS* 17, 338-353.
出水孝典. 2001.「until 節内の動詞句のアスペクトと解釈」『英語語法文法研究』第 8 号, 141-155.
———. 2002.「until 節内の動詞句の進行形と状態性」『六甲英語学研究』第 5 号, 53-71.
Depraetere, I. 1995. "On the Necessity of Distinguishing between (Un)boundedness and (A)telicity," *Linguistics and Philosophy* 18, 1-19.

Downing, A. and P. Locke. 2002. *A University Course in English Grammar.* (2nd ed.) London: Routledge.

Dowty, D. R. 1975. "The Statives in the Progressive and Other Essence/Accidence Contrasts," *Linguistic Inquiry* 6, 579-588.

——. 1977. "Toward a Semantic Analysis of Verb Aspect and the English 'Imperfective' Progressive," *Linguistics and Philosophy* 1, 45-77.

——. 1979. *Word Meaning and Montague Grammar.* Dordrecht: D. Reidel.

——. 1991. "Thematic Proto-roles and Argument Selection," *Language* 67, 547-619.

Ek, J. van, and N. J. Robat. 1984. *The Student's Grammar of English.* London: Longman.

Fillmore, C. 1968. "The Case for Case," E. Bach and R. Harms (eds.), *Universals in Linguistic Theory*, 1-90. New York: Holt, Rinehart & Winston.

——. 1977. "The Case for Case Re-opened," P. Cole and J. M. Sadock (eds.), *Syntax and Semantics* 8: *Gramatical Relations*, 489-510. New York: Academic Press.

Foley, W. and R. Van Valin. 1984. *Functional Syntax and Universal Grammar.* Cambridge: Cambridge University Press.

Frawley, W. 1992. *Linguistic Semantics.* Mahwah, NJ: Lawrence Erlbaum Associates.

Goldberg, A. E. 1995. *Construction: An Construction Grammar Approach to Argument Structure.* Chicago: University of Chicago Press.

Goodman, F. 1973. "On the Semantics of Futurate Sentences," *Working Papers in Linguistics* 16, 76-89, Ohio State University.

Graver, B. D. 1986. *Advanced English Practice.* (4th ed.) London: Oxford University Press.

Greet, W. C., W. A. Jenkins and A. Schiller. 1968. *In Other Words: A Beginning Thesaurus.* Glenview, IL: Scott, Foresman.

Grimshaw, T. 1990. *Argument Structure.* Cambridge, MA: MIT Press.

Gruber, J. S. 1976. *Lexical Structures in Syntax and Semantics.* Amsterdam: North-Holland.

Halliday, M. A. K. 1994. *An Introduction to Functional Grammar.* (2nd ed.) London: Edward Arnold.

Haspelmath, M. 1993. "More on the Typology of Inchoative/Causative Verb Alternations," B. Comrie and P. Polinsky (eds.), *Causatives and Transitivity*, 87-120. Amsterdam: John Benjamins.

Heinämäki, O. 1978. *Semantics of English Temporary Connectives.* Blooming-

ton: Indiana University Linguistics Club.
Hirose, K.(広瀬浩三) 1983. "An Investigation of Temporal *Since*," *Corpus* 14, 33–55.
Hirtle, W. H. 1975. *Time, Aspect and the Verb*. Quebec: Presses de l'Universit Laval.
堀口俊一ほか(編). 1981.『英文用例事典《文法》』東京: 日本図書ライブラリー.
Hornby, A. S. 1975. *Guide to Patterns and Usage in English*. London: Oxford University Press.
細江逸紀. 1933.『動詞叙法の研究』東京: 篠崎書林.
Huddleston, R. D. 1971. *The Sentence in Written English*. Cambridge: Cambridge University Press.
――. 1976. "Some Theoretical Issues in the Description of the English Verb," *Lingua* 40, 331–383.
――. 1977. "The Futurate Construction," *Linguistic Inquiry* 8: 4, 730–736.
Huddleston, R. and G. K. Pullen. 2002. *The Cambridge Grammar of the English Language*. Cambridge: Cambridge University Press.
Hudson, R. A. 1971. *English Complex Sentences*. Amsterdam: North-Holland.
池上嘉彦. 2000.「'Bounded' vs. 'Unbounded' Cross-category Harmony' (21)」『英語青年』12月号, 592–594.
稲田俊明. 1989.『補文の構造』(新英文法選書, 第3巻) 東京: 大修館書店.
井上永幸・赤野一郎(編). 2003.『ウィズダム英和辞典』東京: 三省堂.
Jackendoff, R. 1983. *Semantics and Cognition*. Cambridge, MA: MIT Press.
――. 1987. "The Status of Thematic Relations in Linguistic Theory," *Linguistic Inquiry* 18, 369–411.
――. 1990. *Semantic Structures*. Cambridge, MA: MIT Press.
――. 1991. "Parts and Boundaries," *Cognition* 41, 9–45.
――. 1996. "The Proper Treatment of Measuring Out, Telicity, and Perhaps Even Quantification in English," *Natural Language & Linguistic Theory* 14, 305–354.
――. 1997. *The Architecture of the Language Faculty*. Cambridge, MA: MIT Press.
James, F. 1986. *Semantics of the English Subjunctive*. Vancouver: University of British Columbia Press.
Jenkins, L. 1972. "*Will*-deletion," *CLS* 8, 173–182.
Jespersen, O. 1924. *The Philosophy of Grammar*. London: George Allen & Unwin.
――. 1931. *A Modern English Grammar on Historical Principles. Part IV.*

London: George Allen & Unwin.
影山太郎. 1996.『動詞意味論――言語と認知の接点――』東京：くろしお出版.
影山太郎（編）. 2001.『動詞の意味と構文』東京：大修館書店.
影山太郎・由本陽子. 1997.『語形成と概念構造』東京：研究社出版.
金子稔. 1996.『現代英語・語法ノート II』東京：教育出版.
柏野健次. 1993.『意味論から見た語法』東京：研究社出版.
――. 1996.「進行形と一時性」『現代英語教育』12 月号, 58-60.
――. 1998.「瞬間動詞と for 句」『現代英語教育』5 月号, 65.
――. 1999.『テンスとアスペクトの語法』東京：開拓社.
――. 2002.『英語助動詞の語法』東京：研究社出版.
――. 2003.「語法研究と助動詞」六甲英語学会 4 月例会口頭発表.
Kartunnen, L. and S. Peters. 1977. "Requiem for Presupposition," *BLS* 3, 360-371.
衣笠忠司. 1997.『語法研究と語法情報』東京：英宝社.
――. 2001.「アスペクトと出来事」六甲英語学会 9 月例会口頭発表.
Kittredge, R. I. 1969. *Tense, Aspect, and Conjunction: Some Inter-relations for English*. Ph.D. dissertation, University of Pennsylvania. University Microfilms, Inc.
小西友七. 1964.『現代英語の文法と背景』東京：研究社出版.
――. 1970.『現代英語の文法と語法』東京：大修館書店.
――. 1974.『英語前置詞活用辞典』東京：大修館書店.
――. 1976.『英語シノニムの語法』東京：研究社出版.
――. 1976.「語法研究の問題点」『英語青年』1 月号, 22-24.
――（編）. 1980.『英語基本動詞辞典』東京：研究社出版.
――. 1985.「英語学の論文を書く人のために (2)」*Pegasus* 17-2, 1-4.
――（編）. 1989.『英語基本形容詞・副詞辞典』東京：研究社出版.
――. 1997.『英語への旅路』東京：大修館書店.
――（編）. 2001.『英語基本名詞辞典』東京：研究社出版.
児玉徳美. 1991.『言語のしくみ――意味と形の統合』東京：大修館書店.
――. 2002.『意味論の対象と方法』東京：くろしお出版.
Kreidler, C. 1998. *Introducing English Semantics*. London: Routledge.
Lakoff, G. 1966. "Stative Adjectives and Verbs in English," *NSF* 17, 1-16.
――. 1971. "Presupposition and Relative Well-formedness," D. D. Steinberg and L. A. Jakobovits (eds.), *Semantics: An Interdisciplinary Reader in Philosophy, Linguistics and Psychology*, 329-344. London: Oxford University Press.
Lakoff, R. 1970. "Tense and Its Relation to Participants," *Language* 46, 838-

849.

Lambrecht, K. 1995. "The Pragmatics of Case: On the Relationship between Semantic, Grammatical, and Pragmatic Roles in English and French," M. Shibatani and S. Thompson (eds.), *Essays in Semantics and Pragmatics*, 145–190. Amsterdam: John Benjamins.

Lamiroy, B. 1987. "The Complementation of Aspectual Verbs in French," *Language* 63, 278–298.

Langacker, R. W. 1982. "Remarks on English Aspect," P. J. Hopper (ed.), *Tense-Aspect; Between Semantics and Pragmatics*, 265–304. Amsterdam: John Benjamins.

——. 1987a. "Nouns and Verbs," *Language* 63, 53–94.

——. 1987b. *Foundations of Cognitive Grammar*, Vol. 1: *Theoretical Prerequisites*. Stanford: Stanford University Press.

Leech, G. 1971. *Meaning and the English Verb*. London: Longman.

——. 1987. *Meaning and the English Verb*. (2nd ed.) London: Longman.

——. 1989. *An A-Z of English Grammar & Usage*. London: Edward Arnold.

Leech, G. and J. Svartvik. 1975. *A Communicative Grammar of English*. London: Longman.

Levin, B. 1993. *English Verb Classes and Alternations: A Preliminary Investigation*. Chicago: University of Chicago Press.

Levin, B. and M. Rappaport Hovav. 1995. *Unaccusativity: At the Syntax-lexical Semantic Interface*. Cambridge, MA: MIT Press.

Long, R. B. 1961. *The Sentence and Its Part*. Chicago: University of Chicago Press.

Lyons, J. 1977. *Semantics*. 2 vols. Cambridge: Cambridge University Press.

Lys, F. and K. Mommer. 1986. "The Problem of Aspectual Verb Classification: A Two-level Approach," *CLS* 22, Part 1, 216–230.

Lyung, M. 1974. "Some Remarks on Antonomy," *Language* 50, 74–88.

McCawley, J. D. 1988. *The Syntactic Phenomena of English*, Volume 1. Chicago: University of Chicago Press.

Mourelatos, A. P. D. 1978. "Events, Processes and States," *Linguistics and Philosophy* 2, 415–434.

中右実. 1991.「中間態と自発態」『日本語学』10: 2, 52–64.

——. 1994.『認知意味論の原理』東京: 大修館書店.

大江三郎. 1982.『動詞 (I)』(講座学校英文法の基礎 4) 東京: 研究社出版.

大沼雅彦. 1975.「言語学と語法研究——言語学の提起するもの」『人文研究』第 27 巻, 619–642.

Palmer, F. R. 1965. *A Linguistic Study of the English Verb*. London: Longman.
———. 1974. *The English Verb*. London: Longman.
———. 1987. *The English Verb*. (2nd ed.) London: Longman.
Perlmutter, D. M. 1970. "The Two Verbs Begin," R. A. Jacobs and P. S. Rosenbaum (eds.), *Readings in English Transformational Grammar*, 107-119. Waltham, MA: Ginn and Company.
Pinker, S. 1989. *Learnability and Cognition: The Acquisition of Argument Structure*. Cambridge, MA: MIT Press.
Postal, P. M. 1974. *On Raising*. Cambridge, MA: MIT Press.
Prince, E. 1982. "The Simple Futurate: Not Simply Progressive Futurate Minus Progressive," *CLS* 18, 453-465.
Pustejovsky, J. 1991. "The Syntax of Event Structure," *Cognition* 41, 47-81.
———. 1995. *The Generative Lexicon*. Cambridge, MA: MIT Press.
Pustejevsky, J. and B. Boguraev. 1996. *Lexical Semantics*. London: Clarendon Press.
Quirk, R. and S. Greenbaum. 1973. *A University Grammar of English*. London: Longman.
Quirk, R., S. Greenbaum, G. Leech and J. Svartvick. 1985. *A Comprehensive Grammar of the English Language*. London: Longman.
Roberts, P. 1954. *Understanding Grammar*. New York: Harper and Row.
斎藤武生. 1982.「語法研究の落とし穴」『現代英語教育』1月号, 6-8.
Schachter, J. 1971. *Presupposition and Counterfactual Conditional Sentences*. Unpublished Ph.D. dissertation in Linguistics, UCLA.
Schlesinger, I. M. 1995. *Cognitive Space and Linguistic Case*. Cambridge: Cambridge University Press.
Siewierska, A. 1991. *Functional Grammar*. London: Routledge.
Sinclair, J. (ed.) 1990. *Collins COBUILD English Grammar*. London: Collins.
Smith, C. S. 1981. "The Futurate Progressive: Not Simply Future+Progressive," *CLS* 17, 369-382.
———. 1983. "A Theory of Aspectual Choice," *Language* 59, 479-501.
———. 1983. "The English Futurate," L. Tasmowski and D. Willems (eds.), *Problems in Syntax*, 273-288. New York: Plenum Press.
———. 1991. *The Parameter of Aspect*. Dordrecht: Kluwer.
———. 1997. *The Parameter of Aspect*. (2nd ed.) Dordrecht: Kluwer.
Spankie, G. M. 1981. *English in Use*. Walton-on-Thames: Nelson.
Swan, M. 1980. *Practical English Usage*. London: Oxford University Press.
———. 1984. *Basic English Usage*. London: Oxford University Press.

―. 1995. *Practical English Usage.* (2nd ed.) London: Oxford University Press.

Talmy, L. 1985. "Force Dynamics in Language and Thought," *CLS* 21: Part 2, 293-337.

Tenny, C. T. 1994. *Aspectual Roles and the Syntax-Semantics Interface.* Dordrecht: Kluwer.

―. 1995. "How Motional Verbs Are Special," *Pragmatics & Cognition* 3, 31-73.

寺村秀夫. 1982.『日本語のシンタクスと意味 I 』東京: くろしお出版.

Thomson, A. J. and A. V. Martinet. 1986. *A Practical English Grammar.* (4th ed.) London: Oxford University Press.

友澤宏隆. 2002.「英語進行形の概念構造について」西村義樹 (編)『認知言語学 I : 事象構造』, 137-160. 東京: 東京大学出版会.

Tregidgo, P. S. 1962. *Practical English Usage for Overseas Students.* London: Longman.

―. 1980. "Tense Patterns in Conditional Sentences," *ELT* 34/3, 186-191.

―. 1984. "I Wish I Was Dead," *ELT* 38/1, 48-50.

内木場努. 1986.「since 節の現在完了形について」『英語青年』9 月号, 46.

―. 1990.「Keep (on) doing の語法」『語法研究と英語教育』No. 12, 64-76. 京都: 山口書店.

―. 1993.「非現実的願望を表す wish」衣笠忠司ほか (編)『英語基礎語彙の文法』, 75-85. 東京: 英宝社.

―. 2002.「Until と進行形」『英語青年』9 月号, 42-43.

―. 2004.「forget の進行形」『英語青年』5 月号, 46-48.

van Oosten, J. 1977. "Subjects and Agenthood in English," *CLS* 13, 459-471.

Van Voorst, J. 1992. "The Aspectual Semantics of Psychological Verb," *Linguistics and Philosophy* 15, 65-92.

Vendler, Z. 1967. "Verbs and Times," Z. Vendler (ed.), *Linguistics in Philosophy*, 97-121. Ithaca, NY: Cornell University Press.

Verkuyl, H. J. 1993. *A Theory of Aspectuality: The Interaction between Temporal and Atemporal Structure.* Cambridge: Cambridge University Press.

Vetter, D. C. 1973. "Some Solves This Problem Tomorrow," *Linguistic Inquiry* 4: 1, 104-108.

Visser, F. T. 1973. *An Historical Syntax of the English Language. Volume 4.* Leiden: E. J. Brill.

渡辺登士ほか (編). 1995.『英語語法大事典・第 4 集』東京: 大修館書店.

Watkins, G. 1988.『続英誤を診る (動詞編)』東京: 進学研究社.

Wechsler, S. 1995. *The Semantic Basis of Argument Structure*. Stanford: CSLI Publications.
Wekker, H. Chr. 1976. *The Expression of Future Time in Contemporary British English*. Amsterdam: North-Holland.
Whitaker, S. F. 1976. "Since—A Point or More," *ELT* 30/3, 205-211.
Whitford, H. C. and R. J. Dixson. 1973. *Handbook of American Idioms and Idiomatic Usage*. (2nd ed.) New York: Regents.
Wierzbicka, A. 1988. *The Semantics of Grammar*. Amsterdam: John Benjamins.
Wood, F. T. 1965. *A Remedial English Grammar for Foreign Students*. London: Macmillan.
——. 1981. *Current English Usage*. (revised by R. H. Flabell and L. M. Flabell) London: Macmillan.
Zandvoort, R. W. 1969. *A Handbook of English Grammar.* (11th edition) Groningen: Wolters Noordhoff.
八木克正. 1996.『ネイティブの直観にせまる語法研究』東京: 研究社出版.
——. 1999.『英語の文法と語法　意味論からのアプローチ』東京: 研究社出版.
安井泉・鈴木英一. 1994.『動詞』(現代の英文法 8) 東京: 研究社出版.
安井稔. 1995.『納得のゆく英文解釈』東京: 開拓社.
吉岡潤子. 2001.「「継続」を表す現在完了について」『六甲英語学研究』第 4 号, 1-8.

辞　書

Basic Dictionary of English. New York: Regents. 1983. [BDE]
Cambridge International Dictionary of English. Cambridge: Cambridge University Press. 1995. [CIDE]
Chambers Universal Learner's Dictionary. Edinburgh: Chambers. 1980. [CULD]
Collins COBUILD English Language Dictionary. London: Collins. 1987. [COBUILD]
The Concise Oxford Dictionary of Current English. Oxford: Oxford University Press. 1982^7. [COD]
Harrap's Easy English Dictionary. London: Harrap. 1980. [EED]
Longman Active Study Dictionary. London: Longman. 1983. [LASD]
Longman Dictionary of Contemporary English. London: Longman. 1978, 1987^2, 1995^3. [LDCE]
Longman Lexicon of Contemporary English. London: Longman. 1981. [Lexicon]

The Macmillan Dictionary. New York: Macmillan. 1973. [MD]
The New Horizon Ladder Dictionary of the English Dictionary. New York: Signet. 1970. [Horizon]
Oxford Advanced Learner's Dictionary of Current English. Oxford: Oxford University Press. 1989^4, 1995^5, 2000^6. [OALD]
Oxford American Dictionary. Oxford: Oxford University Press. 1980. [OAD]
Oxford Elementary Learner's Dictionary of English. Oxford: Oxford University Press. 1981. [OELD]
The Oxford English Dictionary. Oxford: Oxford University Press. 1928. 1989^2. [OED]
Oxford Wordpower Dictionary for Learners of English. Oxford: Oxford University Press. 1993, 2002^2. [OWD]
The Random House Dictionary of the English Dictionary. (School Ed.) New York: Random House. 1970. [RHDS]
Webster's Third New International Dictionary of the English Dictionary. Springfield: Merriam. 1961. [Web. 3]

引用作品

Archer, J. *Shall We Tell the President?*
———. *Kane and Abel.*
———. *A Quiver Full of Arrows.*
———. *The Prodigal Daughter.*
———. *First Among Equals.*
———. *A Twist in the Tale.*
———. *36 Stories.*
———. *Sons of Fortune.*
Braine, J. *Room at the Top.*
Buck, P. *The Lovers.*
Chase, J. *Mission to Venice.*
Christie, A. *Sleeping Murder.*
———. *Murder in the Mews.*
Collins, J. *The World Is Full of Married Men.*
———. *The Stud.*
———. *The Love Killers.*
———. *The World Is Full of Divorced Women.*

——. *The Bitch.*
——. *Chances.*
——. *Lucky.*
——. *Rock Star.*
——. *Lady Boss.*
——. *Dangerous Kiss.*
——. *Vendetta: Lucky's Revenge.*
——. *Power.*
Constant, A. *Can I Help You?*
Corman, A. *The Old Neighborhood.*
Follett, K. *The Man from St. Peteresburg.*
Gipe, G. *Gremlins.*
Grisham, J. *A Painted House.*
——. *The Summons.*
Guest, J. *Second Heaven.*
Hailey, A. *Airport.*
——. *Wheels.*
——. *The Moneychangers.*
——. *Strong Medicine.*
——. *The Evening News.*
Harper, K. *Falling in Love.*
Jaffe, R. *Class Reunion.*
——. *After the Reunion.*
——. *The Cousins.*
——. *Five Women.*
Klein, N. *Angel Face.*
Lawrence, D. H. *Sons and Lovers.*
MacInnes, H. *The Hidden Target.*
Maugham, S. *Up at the Villa.*
McMurtry, L. *Terms of Endearment.*
Meyers, M. *Suspect.*
Morgan, M. *The Total Woman.*
Murdoch, I. *An Accidental Man.*
Paretsky, S. *Guardian Angel.*
Parker, R. *Promised Land.*
Reilly, C. *Nuts.*
Robbins, H. *A Stone for Danny Fisher.*

———. *Never Leave Me.*
———. *79 Park Avenue.*
———. *Never Love a Stranger.*
———. *The Carpetbaggers.*
———. *Where Love Has Gone.*
———. *The Betsy.*
———. *The Lonely Lady.*
———. *Goodbye Janette.*
———. *Spellbinder.*
———. *Descent from Xanadu.*
———. *The Storyteller.*
———. *The Raiders.*
———. *Never Enough.*
Rossner, J. *Looking for Mr. Goodbar.*
Segal, E. *Love Story.*
———. *Oliver's Story.*
———. *Man, Woman and Child.*
———. *The Class.*
———. *Doctors.*
———. *Prizes.*
Sheldon, S. *The Naked Face.*
———. *The Other Side of Midnight.*
———. *A Stranger in the Mirror.*
———. *Bloodline.*
———. *Rage of Angels.*
———. *Master of the Game.*
———. *If Tomorrow Comes.*
———. *Windmills of the Gods.*
———. *The Sands of Time.*
———. *The Doomsday of Conspiracy.*
———. *The Stars Shine Down.*
———. *Nothing Lasts Forever.*
———. *Morning, Noon & Night.*
Stanwood, B. *The Glow.*
Steel, D. *The Ranch.*
———. *The Cottage.*
Steinbeck, J. *The Red Pony.*

Stewart, F. *Six Weeks*.
Stone, P. *Charade*.
Wallace, I. *The Miracle*.
——. *The Celestial Bed*.
Webb, C. *The Graduate*.
——. *Love, Roger*.
Wharten, I. *Dad*.

索　引

1. 見出し語は，あいうえお順．英語の項目は，その日本語読みのところの最後にアルファベット順で示す．
2. 数字はページ数を表す．太字の数字は章立て全体のページ数を表す．
3. n は脚注を表す．

［事項索引］

［あ］

曖昧性 (ambiguity)　150
アスペクト　10
アスペクト拡大 (aspect expansion)　82–86
アスペクト衝突　94–95
アスペクト転換　104n, 117–118, 120
I wish 構文　**151–169**
accomplishment　21, 24, 26–27, 51n, 72–73, 88, 88n, 89, 89n, 91, 96, 102, 115, 116–123
achievement　21, 24, 26–27, 73, 79, 88, 88n, 96, 102, 115–116, 118–122
activity　12–13, 24–26, 51n, 91, 115–116
actual duration　124
at 句　72, 79
until と主節のアスペクト　**87–99**
until 節の進行形　**100–114**
until の境界化　102

［い］

移行的出来事動詞　80
意味役割　44–45, 65–66, 69
意味役割理論　5

意味論　7–8
一時性　36
移動動詞　73–74, 74n, 121, 127
インフォーマント調査　3, 7
[EVENT] / [STATE]　65–69
in 句　73, 76–77, 80
incremental theme（漸増主題）　73, 117
intended duration　6, 124–125, 128–129

［え］

演繹　8–9
atelic（非終結的）　51n, 88, 90, 99　→ telic

［か］

開放条件 (open condition)　133n
概念意味論　10
概念構造　91, 122
確定未来　154
格文法　10
過程変化動詞　32, 67
仮定法　**132–150**
仮定法未来　135n
活動動詞　71, 102, 109–110, 202

— 219 —

完結　15n, 16, 17n, 200
完結性　22, 25
完結的/非完結的　71-74, 100-101, 198, 200-202, 204
完結的の動詞　23, 26, 201
間接的発話行為　202
完了　14-17
完了アスペクト　14-15, 73, 77, 79
関連性理論　5
current relevance　183-184, 189
counting capacity　194

[き]

擬人化　158
帰納　8-10
機能文法論　5
起点（場所）　64
境界化　102, 114
境界点　103
境界点化　106-111
切れ目のある継続　12-14
切れ目のない継続　11-14
近接未来　154
keep 構文　**44-69**

[け]

経験者　45, 64
継続　11-17, 17n, 185
継続アスペクト　73, 77, 79, 82
継続相　43
継続/反復　44-47, 49-51, 67-69
結果状態　90-91, 121-130
言語資料　9
現実的の条件文　133, 133n
現在完了形　11-17, **179-189**
現在完了進行形　12-17
現在進行形　174-175, 198-203

限定的期間(limited duration)　20-21, 93n

[こ]

語彙概念構造　5-6, 11
語彙概念構造意味論　5-6
語彙的アスペクト　11
語彙的語法研究　9-10
語彙分析　10
語彙文法　9
語彙文法的意味論　10
語彙文法的機能　10, 86
項 (argument)　47
構文文法論　5
項目主義　4
コーパス言語学　7
語法研究（論）　**2-11**
語用論　5, 24-25
語用論的意味　163, 191-192, 202-203
混合型仮定法　140-147
コンピュータ・コーパス　7
complete determination （決定済み）　194
CONTROL　47, 50, 52, 55, 61-64
controllable　53-55
control verb　61n, 69

[さ]

差し迫った未来　30-31, 80, 98n
certainty (確信性)　193

[し]

時間幅　22, 71
自己防御　37-38
時制 (Tense)　190
視点アスペクト (viewpoint aspect)

索　引　　221

24
実現可能性　132, 134-137, 140-141
自動的動作主　60, 60n, 61n
社会言語学　5
終結点 (endpoint)　28, 31-32, 103,
　　115, 117
主語指向期間副詞句　124, 129
受動的認識動詞　36
瞬間動詞　22, 27, 30, 51, 79-80, 82-
　　86, 102, 106, 126-127
瞬時性動詞　80-81
瞬時的(状態)変化動詞　22, 30-31,
　　80-81
状態動詞　23, 27-29, 46, 52-53, 71,
　　102, 104n, 137, 143, 153, 156n, 169,
　　180, 196-198
進行形　20-27, 34, 94, 97
心理言語学　5
心理動詞　67
since 節の現在完了形　**179-189**
since と時制　**170-189**
since の前置詞用法　170n, 171n

[す]

推移的状態変化　32-34
state　24-26, 115-116

[せ]

静的継続　45-46, 59
前段階　22
self-controllable verb　157n

[そ]

相 (aspect)　43
相動詞 (aspectual verb)　43, 92
存在文の there　49, 65-67

[た]

対象 (theme)　47
代用　147-149
達成動詞　→ achievement, 瞬間動詞
単純現在形　190-198
単純未来　155-156, 161, 161n, 162,
　　165-169
談話　8

[ち]

力 (force)　60-61
着点 (場所)　45, 64
直説法 (indicative mood)　133, 147
陳述緩和用法　→丁寧用法

[つ]

通用度 (currency)　7

[て]

丁寧用法　35-37, 38n, 39-42, 134,
　　162-165
適応度 (appropriateness)　7
出来事時対応　145, 148-149
take 構文　119
天候の it　60n
telic (終結的)　27, 72, 74, 80, 88-89,
　　89n, 100n, 103n, 104n, 115-116,
　　118-120

[と]

動作主　47, 47n, 48, 50, 59-61, 62n,
　　64-65, 69
動作動詞　11-13, 137, 143, 153, 156n,
　　169, 180

動詞　10–11
動的継続　45–46
到達動詞　→ achievement
durative　12, 70, 79, 88, 88n, 89–90, 92, 96, 98–99, 115–116, 120

[に]

認知意味論　5
認知言語学　11

[の]

能格動詞　62n

[は]

場所 (location)　45
発話時対応　143, 145, 149
bounded/unbounded（有界的 / 非有界的）　87, 94–95, 103n, 104n, 154, 169
perfective/imperfective　→完結的 / 非完結的

[ひ]

非完結 (性)　21, 21n, 22–29
非完結的　70–72
非完結的動詞　23, 28–29, 201
非現実性　140–141, 141n
非事実性 (counterfactuality)　132, 134, 138–140
否定の含意　185–188
非有界的　→ bounded / unbounded

[ふ]

文法　2, 4–5
文法性　3

文法的アスペクト　11, 20
文法的語法研究　8, 10–11, 14
for (時間副詞) 句　6, 51n, 72, 76–77, 79, 94–95, 116–118
forget の進行形　**27–42**
blending　185n

[へ]

変異形 (variant)　7
「変化」概念　24, 34, 201

[ほ]

while 節のアスペクト　**70–86**

[み]

未完結　14–15, 17n, 198–201
未来表現　191–203

[む]

無標 (unmarked)　27

[め]

メトニミー (metonymy)　170n

[ゆ]

有界性　94–95, 115–131
有界的　→ bounded / unbounded
有界的経路目的語　89n
有機的関係　3–4
有標　7–8, 27

索　引　　　223

[よ]

様態副詞　81

容認可能性　3
予備段階　81-85

[語句索引]

[A]

active　58
angry　58
approach　107-108
arrive　22, 31, 80, 128-129
as far as　87-88

[B]

begin　43, 80, 84-85, 90
be going to　43, 84-85, 90, 154, 195n, 199n
believe　22, 55-56
blink　80
bounce　80

[C]

catch　31, 80
cease　43
come　127
confront　112-113
continue　43, 92
cost　33
cover　112

[D]

decide　76
depend　33
die　22, 31, 80-81, 107

drop　80
drown　107

[E]

end　31, 106
expand　67-68
expect　57
explode　80

[F]

find　81-82
fire　80
flash　80
forget　**20-42**, 63
forget oneself [one's place]　29-30

[G]

get　75-76
go　74, 74n, 75, 126
go up　67-68
grow　67

[H]

hang　112-113
happen　157n
happy　57
hear　63
hope　22, 36, 55-56

[J]

jail 128
jump 80

[K]

keep **43–69**
keep on 43n, 44n
kick 80
knock 81
know 29

[L]

leave 126–127
lie 112
like 22, 33, 55, 57
live 22, 26, 55–56
look 52–55
lose 63, 83
love 56

[M]

matter 33
might 151n
miss 63

[N]

nod 80

[O]

open 77–79
own 25, 29

[P]

pass 156n
pile up 67–68
possess 29

[R]

realize 31
receive 80
remember 55–56
resemble 22, 33, 55
rest 112
run 73–74

[S]

see 63
seem 29
shoot 80
since **170–189**
sit 52, 112–113
sit down 80
smell 34
sneeze 80
sound 29
stand 52–53, 112
start 43, 85, 90
stop 43, 80, 100, 106

[T]

tall 29
tap 80
taste 33
to 74, 120
touch 112–113
toward 120

[W]

wait 79
want 22, 36
warm 77
watch 79
wear 55, 156n
while **70–86**
will 151n, 155, 191–192, 195n
wish 138, **151–169**
wit 57
wonder 36
would **155–169**

初 出 一 覧

第 1 章: 「語法研究――過去・現在・未来」『富山大学教育学部研究論集』第 7 号，27-34，2004 年．
第 2 章: 「英語進行形の語法研究――forget の進行形を中心に」『富山大学教育学部研究論集』第 6 号，43-57，2003 年．
第 3 章: 『立命館言語文化研究』第 9 巻，1 号，331-355，1997 年．
第 4 章: 「while 節中の動詞句のアスペクトをめぐって――語彙文法的意味論――」英語語法文法学会編『英語語法文法研究』第 6 号，69-82，1999 年．
第 5 章: 「「こだわり」の英語語法研究 (5) ―― until の主節の進行形について」六甲英語学研究会編『六甲英語学研究』第 5 号，1-15，2002 年．
第 6 章: 「Until の主節と従属節中の語彙・文法的アスペクトに関する一考察」『富山大学教育学部研究論集』第 5 号，27-34，2002 年．
第 7 章: 六甲英語学研究会編『六甲英語学研究』第 2 号，9-23，1999 年．
第 8 章: 「仮定法の意味と機能」六甲英語学研究会編『現代の言語研究』190-202，1988 年，金星堂．
第 9 章: 「I wish 構文再論」英語語法文法学会編『英語語法文法研究』第 10 号，43-57，2003 年．
第 10 章: 『大阪樟蔭女子大学論集』第 24 号，89-101，1987 年．
第 11 章: 『語法研究と英語教育』(山口書店)，第 9 号，59-67，1987 年．

著者略歴

内木場　努（うちきば　つとむ）

　1954年，宮崎県小林市生まれ．1977年，神戸市外国語大学英米学科卒業．1980年，同大学・大学院修士課程（英語学専攻）修了．大阪樟蔭女子大学助教授，立命館大学教授を経て，現在，富山大学教授．

　著書・翻訳書：『英語基本動詞辞典』（共同執筆，1980年，研究社出版），『英語基本形容詞・副詞辞典』（共同執筆，1989年，研究社出版），『コーパス英文法』（共著，1991年，開拓社），『ロングマン英語正誤辞典』（共訳，1991年，金星堂），『小学館ランダムハウス英和大辞典（第2版）』（共同執筆，1993年，小学館），『英語基本名詞辞典』（共同執筆，2001年，研究社出版）

開拓社叢書12

「こだわり」の英語語法研究

© 2004 Tsutomu Uchikiba
ISBN4-7589-1807-4　C3382

著作者	内木場　努
発行者	長沼　芳子
印刷所	萩原印刷株式会社

2004年10月20日　第1版第1刷発行

発行所　株式会社　開拓社

〒101-0051　東京都千代田区神田神保町2-5
〒113-0023　東京都文京区向丘1-5-2
　電話　（03）5842-8900（代表）
　振替　00160-8-39587

R〈日本複写権センター委託出版物〉
本書の全部または一部を無断で複写複製（コピー）することは，著作権法上での例外を除き，禁じられています．複写を希望される場合は，日本複写権センター（03-3401-2382）にご連絡ください．